GRAPHIC 裂織
SAKIORI

D1457792

凡 例

1. 作品は原則として作家やグループの自選作品より掲載した。
2. 本文中の作品キャプション①～⑥の解説は下記の通り。
   作家原稿に明記の無い項目等は、編集部の判断で意図的に省略した。
   ①タイトル
   ②種目
   ③制作年
   ④素材 (タテ糸：　ヨコ糸：)
   ⑤サイズ (H×W) cm
   ⑥作品について
3. 作品掲載に関し、100作品の素材をもとに、
   作家の現住所の郵便番号順で掲載した。
4. ⑥作品についてのコメントは一部、原文にそって手直しを施した。
5. 作家名のローマ字表記は統一したが、一部は本人の希望表記とした。
6. 作家プロフィールは、本文終了後のP.120－126に掲載した。
7. 裂織に出会えるお店・教室紹介は、巻末のP.127－135に掲載した。

GRAPHIC
SAKIORI
Artists Works

01
02

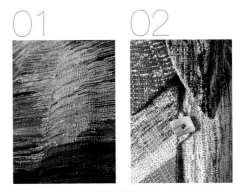

P.18-19: 永原智恵子 Chieko Nagahara

03
04

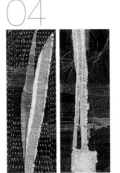

P.20-21: 村上あさ子 Asako Murakami

05
06

P.22-23: 田中アイ Ai Tanaka

07
08

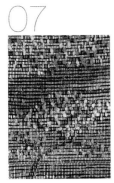

P.24-25: 三上ムツ Mutsu Mikami

09
10

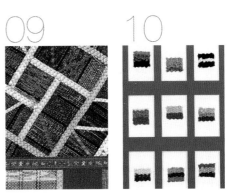

P.26-27: 恒松和子 Kazuko Tsunematsu

11 12

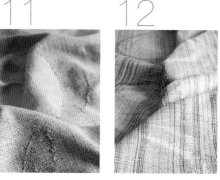

P.28-29: 野口和子 Kazuko Noguchi

13 14

P.30-31: 山本雅子 Masako Yamamoto

15 16

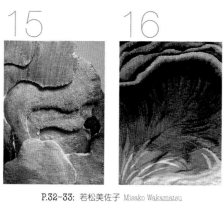

P.32-33: 若松美佐子 Misako Wakamatsu

17 18

P.34-35: 江川民見子 Tamiko Egawa

19 20

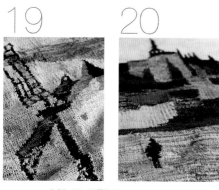

P.36-37: 目黒和子 Kazuko Meguro

21 22

P.38-39: 彦根愛 Ai Hikone

23

24

25

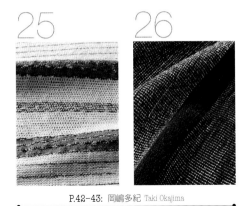

26

P.40-41: 箕輪直子 Naoko Minowa

P.42-43: 岡嶋多紀 Taki Okajima

27

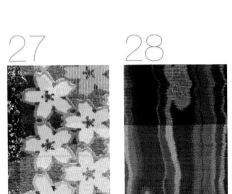

28

29

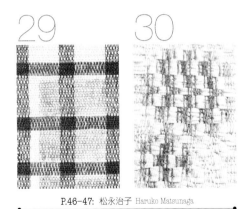

30

P.44-45: 飯塚清子 Kiyoko Iizuka

P.46-47: 松永治子 Haruko Matsunaga

31

32

33

P.48-49: 小林美恵子 Mieko Kobayashi

P.50-51: 門田杏子 Kyoko Kadota

34

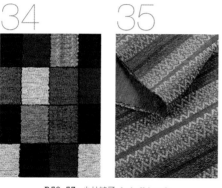

35

36

37

P.52-53: 小林純子 Junko Kobayashi

P.54-55: 田村陽子 Yoko Tamura

38

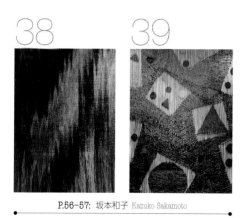

39

40

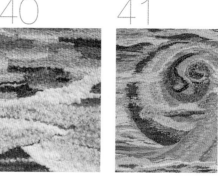

41

P.56-57: 坂本和子 Kazuko Sakamoto

P.58-59: 野中ひろみ Hiromi Nonaka

42

43

44

45

P.60-61: 西本和枝 Kazue Nishimoto

P.62-63: 野村順子 Junko Nomura

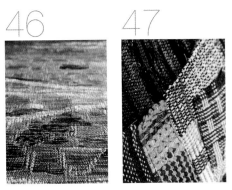 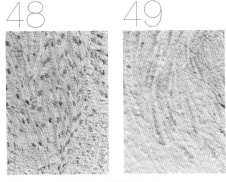

57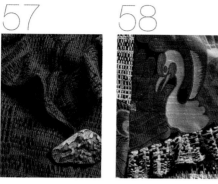
58

P.76-77: 松居富子 Tomiko Matsui

59
60

P.78-79: 米田ハル Haru Yoneda

61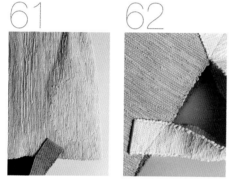
62

P.80-81: いわもとあきこ Akiko Iwamoto

63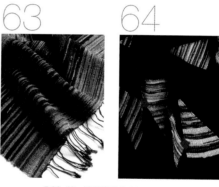
64

P.82-83: 深川芳子 Yoshiko Fukagawa

65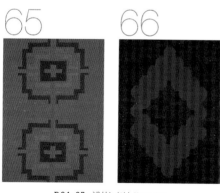
66

P.84-85: 浅井しおり Shiori Asai

67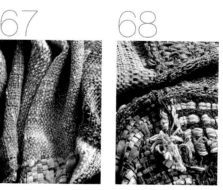
68

P.86-87: 髙木康子 Yasuko Takagi

GRAPHIC
SAKIORI
Groups Works

69　70

P.90-93: 裂織 3G プロジェクト SAKIORI 3G PROJECT

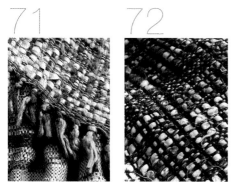

71　72

P.94-95: 手織工房与喜舎 TEORIKOBO YOKISHA
及川恵美子 Emiko Oikawa

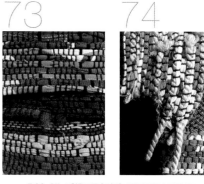

73　74

P.96-97: 手織工房与喜舎 TEORIKOBO YOKISHA
間人 Manito

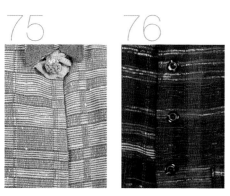

75　76

P.98-99: 手織り工房のろぼっけ TEORIKOBO NOROBOKKE
鈴木利子 Toshiko Suzuki

77　78

P.100-101: 手織り工房のろぼっけ TEORIKOBO NOROBOKKE
斉藤正子 Nobuko Saito　高橋孝聡 Takaaki Takahashi

79 80

P.102-103: 手織り工房のろぼっけ TEORIKOBO NOROBOKKE

高橋未来 Miki Takahashi　　小野原由行 Yoshiyuki Onohara

81 82

P.104: グループ さ・き・お・り GROUP SA·KI·O·RI

野口和子 Kazuko Noguchi

83 84

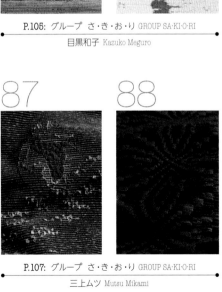

P.105: グループ さ・き・お・り GROUP SA·KI·O·RI

目黒和子 Kazuko Meguro

85 86

P.106: グループ さ・き・お・り GROUP SA·KI·O·RI

田中アイ Ai Tanaka

87 88

P.107: グループ さ・き・お・り GROUP SA·KI·O·RI

三上ムツ Mutsu Mikami

89 90

P.108: グループ さ・き・お・り GROUP SA·KI·O·RI

光永智子 Satoko Mitsunaga

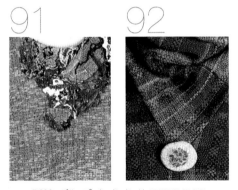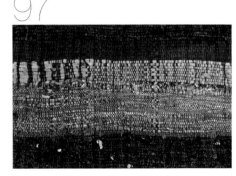

裂織のイメージ　　　深堀　習（裂織の今研究会代表）

裂織の今の課題を考えるために、ここまできた裂織をたどってみました。

はじめて出会った"裂織"

　2012年は、はじめての裂織だけの全国展が開かれて10年。人により裂織のイメージがいかに異なるか、わかってきた。新年の企画を始める時、「あなたが初めて出会った裂織はどんなものだったの？」と聞かれた。

　それは、新潟県境の小谷村、1996年の冬の夕暮。「見たことないのですか？」とおかみさんが奥から取り出してくれた10cm角のコースター。はじめてみる裂織であった。蚊がすりの白地が夕闇にほんのり映えて、懐かしい。そう、父は昔、夕方行水をすると蚊がすりの浴衣に着かえ、お経をあげるのが日課だった―。

　私はその直後小谷村で開かれた裂織の全国交流会に参加。全国各地から120人も集まった裂織の交流会で公文知洋子さんの講演を聞き、裂織作品を見、そして紹介されたのが、2冊の英語で書かれた裂織の本。サンフランシスコ民族工芸博物館で1994年開催された日本の裂織展の図録（①②）と、ヘザー・L・アレン著『現代の裂織敷物』（③）である。そして、裂織の交流会は一回では終わらず、かつ"裂織だけの全国展の開催を！"という熱い声が上がり、私はいつかその渦に巻き込まれていた。私が小谷村に訪ねた女性は生活改良普及員として村で裂織の普及に力を尽くして、その成功を見ずに他界したばかりであった。

　サンフランシスコの裂織展図録に掲載されている19〜20世紀の裂織、刺し子、自然繊維の農村の作業着の力強さ、美しさはその写真から伝わってきた。同書は"清貧の美学"が独自の美しい繊維と力強いデザインを生み出したと説き、織りの技術も高く評価している。そして前書きは「日本が信じられないほどの技術的な成功を遂げたことで普及したイメージとは対照的に、日本のライフスタイルに行き渡っている節度が、つつましい再生衣服によってくっきりと伝わってくる。」と結ばれる。

裂織の"デザイン"に着目したヘザーさん

　『現代の裂織敷物』を見て皆驚いたのは、外国にも裂織があったこと。ほとんどが敷物で、とても美しいものがあることである。著者、アメリカのサーフェスデザインアーティスト、ヘザー・L・アレン氏は大学院時代に、裂織のデザインについて書かれた本が無いのを知ってこの本を書いたという。興味深いのは、研究が進むほどに、多くの国で裂織敷物は織物と敷物双方の発展に欠かせないのにほとんど記録が残っていないほど軽視されていると、抗議していること。

　本書は敷物中心ではあるが、裂織の歴史、道具と素材、織の基礎的な知識はもちろん、特に他の本にはないデザインの基礎と各国の多数の作家の作品研究が盛り込まれている。後に私たちはこの本を自分たちの手で翻訳出版。著者を招いて全国各地で講演を成功させ、現代の裂織の興隆に大きく貢献したのだった。

裂織の幅の広さと原点にある"歴史的裂織"

　"裂織だけの全国展"実現のためには"裂織"を知らねばと、まず交流会で出会った津軽地機の会の田中アイさんを訪ねた。はじめて見る裂織のタペストリーは布の温もりのある質感と量感が心地よい。素材の裂糸はピンポン玉ぐらいに巻き、色別に分けて卵ケースに入れ、それをプラスティックの10段の引き出しいくつかに収めていた。「地機は自分の体の一部で、自由に織れるの」と田中さんは創作の喜びを語った。

　青森県十和田市の南部裂織保存会に創立者の菅野暎子さんを訪ね、八甲田山麓の旧分校にも案内されて、古い地機や裂織作品を見、山里の暮らしの中で育まれた南部裂織にかける菅野先生の情熱を熱く感じ取った。また、青森市歴史民俗展示館「稽古館」や古牧温泉に併設されていた小河原湖民俗博物館も見学。裂織を知る人が、原点にある歴史的裂織が一番いいと語る人が多いのも理解できた。

　一方、当時の『月刊染織α』編集長富山弘基氏のご教示で、佐渡の相川郷土博物館と裂織を教える相川技術伝承館、また四国の愛媛県歴史文化博物館も訪問。京都府立丹後郷土資料館では、サンフランシスコの裂織展図録制作に協力した一人、当時の資料課長井之本泰氏に「外国で裂織展が開催されたので、日本でも本格的に開催できるようになった」「『日本海の裂き織り』(④) では、図録をカラー印刷にしなかったのが、残念」などお聞きした。「木綿再生　たばっとかれた布たち」(⑤) では、とにかくカラー印刷にこぎつけ、読者は初めて藍の多様な色彩に感動した。21世紀にはいると歴史的な裂織の展示も生活感を重視するようになり、愛媛県歴史文化博物館でも、佐田岬半島の昭和期の写真展 (⑥) に合わせた試みが好評であった。

第1回全国裂織展の開催　〜時代の風に乗る

　富山氏と故福永重樹目黒区美術館長 (当時) のご尽力で会場が確保され、第1回展 (⑦) は2002年9月東京中野区のシルクラブで開催された。応募数は35都道府県から215点。審査の結果入選作品151点が展示された。審査員は富山弘基氏、中野恵美子氏 (東京造形大教授、織造形作家)、仙仁司氏 (多摩美術大学美術館学芸員)。会場の制約もあって、合格率7割と厳しい結果となった。全国からレベルの高い作品多数が寄せられたので、賞の選定に審査員各氏は大変苦慮された。

　エネルギーに満ちたすばらしい作品がこれほど集まるとはだれが予想したろうか。「裂織で自由に自己表現ができる！」と、見る人は鮮烈なメッセージを受け取った。その一方、初心者たちも熱心に多数参加しており、裂織研究会への期待は大きかった。来場者は6日間で5,000人にのぼった。

　応募作品の種別割合をみると、タペストリー44％が圧倒的、衣服28％、バッグ17％、敷物7％。以下帽子、帯、センター、こたつがけ・ベッドカバー、造形作品、間仕切など。

　第1回展の盛況を見て、「何故今まで裂織の全国展は開かれなかったのでしょう？」と、私は富山編集長に伺った。「うーん、裂織に作家意識のある人が少なかったからでしょう」と富山氏。いずれにしても裂織が、時代の風に乗っているのを感じた。そして現代の裂織はこんなに羽ばたいているのに、人間の意識が取り残されている。イメージチェンジこそ必要ではないかと痛感したのであった。そこへヘザーさんの登場はタイムリーであった。

全国裂織研究会の発足そして全国裂織協会へ　〜ヘザー旋風

　第1回全国裂織展の盛り上がりを背景に、全国裂織研究会は2003年5月、"裂織文化の創造"を掲げて発足。8月ヘザー・L・アレン氏の講演会「アメリカの裂織」を東京渋谷のウィメンズプラザで開催。スライドを使って世界各地の裂織の歴史や現在の作品についての解説、デザインソースの作り方など、皆大変な刺激を得た。この講演会には、『現代の裂織敷物』の部分訳を準備したが、ぜひ全訳がほしいと強い希望が寄せられ、

2005年の翻訳出版を決めたのであった。

　第2回展（⑧）、3回展（⑨）は東京上野広小路のきもの美術館で開催され、応募数は320点、310点。タペストリーと衣服がそれぞれ全体の三分の一をしめ、裂織の人気を二分するかたちとなった。第3回展ではじめて、大賞が用のものであるコートに授与され、生活の中から生まれた裂織だから、これは画期的なことと評価された。また来日したヘザーさんに選んでもらう「ヘザー賞」も大賞受賞のコートに授与され大きな話題となった。

　全国裂織研究会が全国裂織協会と改称されたのが2005年4月。このとき、きもの美術館は第3回展までしか利用できないことが判明し、第4回展（⑩）は2007年上野の森美術館に設定せざるを得なくなった。この会場費を捻出するために翻訳出版だけでなく、著者を招聘して『現代の裂織敷物』の出版記念会を第3回展で実施、全国各地で講演会を開く企画が持ち上がった。

　「2005ヘザー・アレン氏全国講演会」（⑪）は、8月から10月初旬にかけて、北海道札幌から四国は徳島まで全国12か所（学校を含む）で、地域ごとに実行委員会を立ち上げ、講演「世界の裂織」、講演・デモンストレーション「直線の表現‐実材による説明と染料によるペインティング」、ワークショップ「ジャーナル（手製のデザインソース）からの作品展開」講演・ミニショー、作家交流「サンプルを囲んで」などそれぞれのテーマで開催された。染織の中の裂織という大きな捉え方で、ヘザーさんとテーマに取組むのは新鮮な経験となった。ヘザーさんも、オフの日には日本の裂織を訪ねたり、日本の友人を訪ねてくつろいだ（⑫⑬⑭）。出版した本も最終的に完売することができたのは幸であった。

裂織フェア　裂織ショーとバザーの楽しみ

　全国展は、原則2年に一度開催。全国展のない年は、裂織ショーと裂織作品や材料などのバザーが開かれた（⑮）。衣服を作る人たちは裂織ショーが大好き。娘や娘の娘に着せて楽しむメンバーもいた（⑯）。

今生きる裂織をさぐって「裂織の今研究会」

　上野の森美術館で開催した第4回展はそれまでになく大変であった。大きな本格的な美術館での経験がなかったからである。だが、今までにない人生経験となった。これをすませて2008年3月末、私は代表者をやめ、一会員となった。そして仲間たちと、「裂織の今研究会」を結成（2009年）してすぐ取組んだのが『裂織の今展』～全国の裂織に深く関心を寄せる織作家15人・15作品～銀座千疋屋ギャラリー、2010年2月（⑰）。開場前から列ができ、こういう裂織展が待たれていたのだと深く感銘を受けた。（タペストリー13点、造形2点）

　そして2010年12月、目黒区美術館区民ギャラリー全面で、「現代裂織の発見」裂織：アート＆クラフト展2010を開催（⑱）。アート31点（タペストリー、額装、帯、のれん）、クラフト50点（衣服類、敷物など、着物・帯・半纏など、布）、合計81点。 い・表現 ろ・いんてりあ は・和を継ぐ に・かたらい（衣服類） ほ・チャレンジ（布） と、5つの裂織が活きるスペースが生まれた。アートもクラフトもゆったり共存した。

　2011年は、「今を生きる裂織」（⑲）が最終的なテーマとなった。目黒区美術館区民ギャラリーA。前回の半分のスペースなので、仕切りをせず全体を一望できる展示とした。3つの壁面にはタペストリーなど19点。中心部には低中高、3種類の展示台に小品部門・バッグ類、敷物、ランナーなど。衣服を身に付けたボディーは来場者と壁面作品を鑑賞するような感じに参加して、合計50点。照明も調整して作品一つ一つに光があたるように調整して、ゆったり鑑賞できる展示スペースとなった。

　現代社会に裂織をどう活かすのか。私たちの果たす役割は、歴史と今をつなぎ、未来を築くことだと思う。

（了）

① ② ③ ④ ⑤

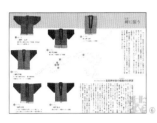   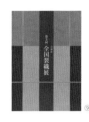

⑥ ⑦ ⑧ ⑨

 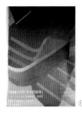  

⑩ ⑪ ⑫ ⑬ ⑭

⑮ ⑯ ⑰ ⑱ ⑲

① *RICHES FROM RAGS SAKI-ORI & OTHER RECYCLING TRADITIONS IN JAPANESE RURAL CLOTHING*（『ぼろからにしき 日本の農村衣服の裂織とその他衣服再生の伝統』）SHIN－ICHIRO YOSHIDA, DAI WILLIAMS 共著 ,SAN FRANCISCO CRAFT & FOLK ART MUSEUM（サンフランシスコ民族工芸博物館）発行、1994年。

② ①の裏表紙

③ 『現代の裂織敷物』ヘザー・L・アレン著、全国裂織協会企画編集、中野恵美子翻訳監修、松島志延・深堀習共訳、染織と生活社発行、2005年。
原書は Heather L. Allen, Lark Books, *Weaving Contemporary Rag Rugs : New Designs, Traditional Techniques*, 1998 初版。アメリカ、カナダ、オーストラリア、ニュージーランドで販売されている。

④ 『日本海の裂き織り』京都府立丹後郷土資料館開館25周年記念展図録、1995年10月。

⑤ 『木綿再生　たばっとかれた布たち』京都府立丹後郷土資料館秋季特別展図録、2003年10月。

⑥ 典拠『愛媛県歴史文化博物館「岬の裂織物語」展（2003年4月26日～6月8日）パンフレット。

⑦ 「公募展第1回全国裂織展」（シルクラブ　東京中野区）図録、裂織研究会、2002年8月。

⑧ 「公募展第2回全国裂織展」（きもの美術館　東京・上野広小路）図録、全国裂織研究会、2004年5月。

⑨ 「公募展第3回全国裂織展」（きもの美術館　東京・上野広小路）図録、全国裂織協会、2005年8月。

⑩ 「公募展第4回全国裂織展」（上野の森美術館　東京・上野公園）図録、全国裂織協会、2007年8月。

⑪ 「裂織の世界：その可能性」ヘザー・L・アレン全国公演12カ所ポスター、2005年8月～10月。

⑫ 2005年10月ヘザーさん、京都東寺の骨董市で裂織の周辺を探索。

⑬ 2005年10月ヘザーさん、京都府立丹後郷土資料館で井之本泰資料課長（当時）に裂織について問う。

⑭ 2005年9月ヘザーさん、佐渡市相川博物館で裂織の原点を尋ねる。
左は柳平則子学芸員（当時）、右が中野恵美子東京造形大学教授（当時）。

⑮ 「北から南から "現代の裂織" 全国裂織フェア2006」台東館（東京都立産業貿易センター7F、東京浅草）、2006年。

⑯ 「裂織ショー・全国裂織フェア2006」台東館（東京浅草）、2006年。

⑰ 「裂織 in 手織情報」創刊号、裂織の今研究会（千疋屋ギャラリーで開催した「裂織の今」展特集）、2010年2月。

⑱ 裂織の今研究会主催「裂織：アート＆クラフト展2010」（目黒区美術館区民ギャラリー）ポスター、2010年12月。

⑲ 「裂織ジャーナル in 手織」9号、裂織の今研究会主催「裂織　アート＆クラフト　裂織展＆小品展2011　私の発見～今を生きる～」（目黒区美術館区民ギャラリーA）作品特集、2011年11月。

GRAPHIC
SAKIORI
Artists Works
01—68

早秋 弘前のはるかに続くリンゴ畑
"アップル・ロード"にて。

L01

①天空の路あかり　②タペストリー　③2006年　④タテ糸：木綿　ヨコ糸：裂き布、木綿、絹　⑤170×101cm　⑥希望を持ちたいと、大きい試練の渦の中でいつも夜空を見ながら、自問自答していました。その私に八方ふさがりに成っても、天だけは、手を差し延べて、光りを注ぎ、照らして、そっと心に安らぎを与えてくれました。そして前進して歩む力を与えてくれました。その光りを織りで表現してみました。

02

①孵化から明日へ　②バッグ、コート　③2011年　④タテ糸：絹　ヨコ糸：モスリン、毛　⑤コート：106×135cm、バッグ：34×52cm　⑥手に
やさしく伝わる今にもこわれそうなやわらかさ、両手でそっと包み込み守ってあげたくなる、すべての生まれたばかりの生命。それらの色を古い昔のモス
リンで集めてみました。元気の出る明るい色、赤い色も使ってみました。タテ糸は細い絹糸10色以上使いました。コートとして軽く身を包める様にと
選び作りました。

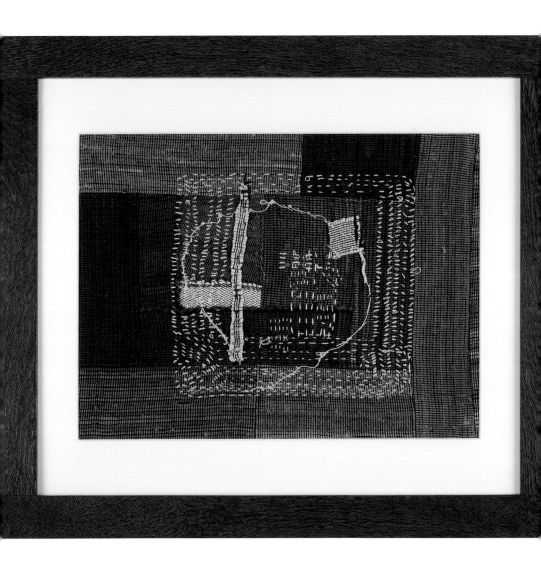

L03

①土の記憶・布の記憶Ⅰ　②額絵　③2011年　④タテ糸：木綿　ヨコ糸：シルク草木染裂布（ブナ・なら・くり・藍生葉）　⑤27×37cm　⑥子供の頃、田んぼで縄文土器のかけらを拾い集めたことや、初めて発掘現場を見たときの感動を裂織で表現した。四角に切り取られた土の断層は縄文時代へと続き、湿った空気は縄文の匂いがするような気がした。古布を裂いてヨコ糸にする裂織は再生することでその布がたどってきた道、楽しかったことや悲しかったことを新たな希望に変えるそんな気がする。

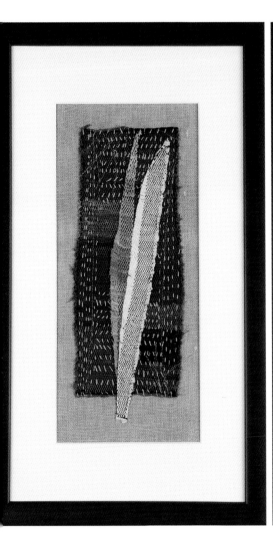
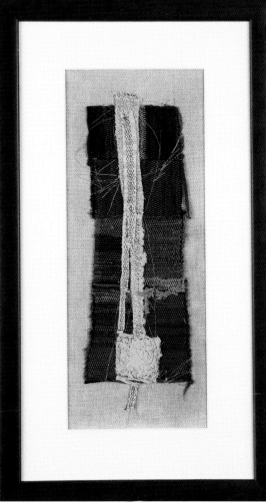

L04

左：①祈りの道Ⅰ　②額絵　③2011年　④タテ糸：木綿　ヨコ糸：シルク草木染布（ブナ・なら・茜）　⑤31×13cm
右：①祈りの道Ⅱ　②額絵　③2011年　④タテ糸：木綿　ヨコ糸：シルク草木染布（ブナ・なら・藍生葉染め）　⑤33×13cm
⑥三内丸山縄文遺跡には海へ続く東西の道、幅が最大で17m、長さ420mの大きくて長い東西の道と、隣の村に向かう南北の道がある。東西の道の両側には大人の墓が向かい合うように配置され、南北の道の西側にはストーンサークルのある墓が並んでいる。私には縄文人の宗教観はわからないが、毎日、魚や貝などを捕りに行く海への道は、通るたびに功徳のある祈りの道に思えた。

05

①りんご畑の春　②タペストリー　③2010年　④タテ糸：綿　ヨコ糸：絹、綿　⑤144×197cm　⑥風雪に耐えたリンゴの古木。春を迎え、一斉に花を咲かせたリンゴ畑の風景です。

L06

①蓮 ②タペストリー ③2011年 ④タテ糸：綿 ヨコ糸：絹 ⑤148
×69cm ⑥生れ故郷尾上町 (現・平川市) 猿賀神社の蓮池の蓮を裂織に。

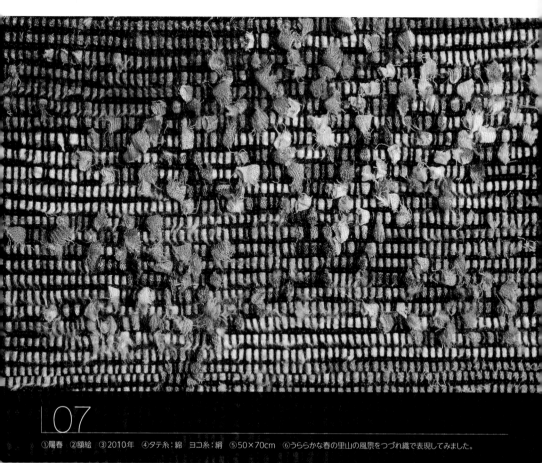

L07

①陽春　②顔絵　③2010年　④タテ糸：綿　ヨコ糸：絹　⑤50×70cm　⑥うららかな春の里山の風景をつづれ織で表現してみました。

　三上ムツ

L08

①エッフェル塔 ②タペストリー ③2009年 ④タテ糸：
綿 ヨコ糸：綿 ⑤115×41cm ⑥2008年、パリ展を
行った時に見たブルーのライトに照らされたエッフェル塔を
タテ浮き織でデザインしました。

①布のをはり　②敷物　③2011年　④タテ糸：木綿、絹　ヨコ糸：木綿、絹　他：リボンテープ　⑤155×142cm　⑥三十年間の裂織残布をリボンで繋ぎ合せ作品としました。

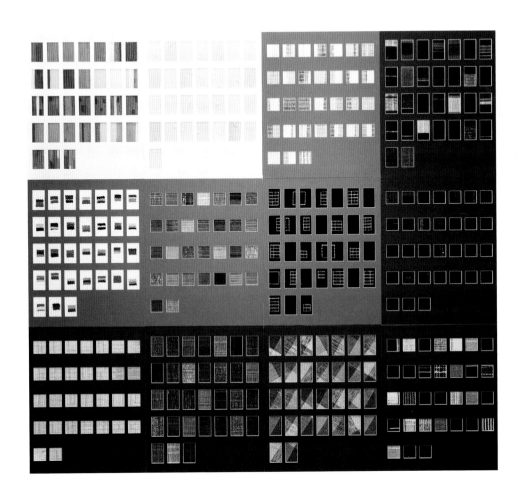

└10

①日めくり　②額絵　③2010年　④タテ糸：木綿、絹　ヨコ糸：木綿、絹　⑤一ヶ月分：60×50cm、12ヶ月分：180×200cm　⑥織日記をはじめて数年がたち一年間のカレンダーとなりました。

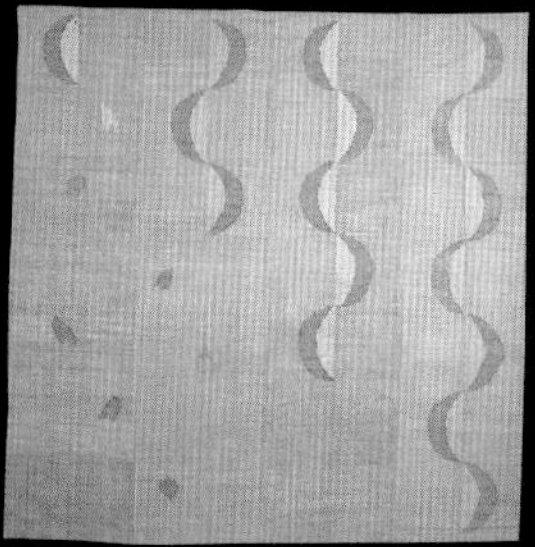

11

(1)花筏　(2)タペストリー　(3)2010年
(4)タテ糸：絹（桜葉染め）　ヨコ糸：絹裂
布（桜葉染め）　(5)195×198cm　(6)桜
葉染めは、種類、採取時期、採取場所、気
象条件等により、染まる色が異なります。
それぞれの色の違いを生かし、桜の花び
らが、まるで筏のように流れるさまを表現
しました。日本人の桜を愛でる心を桜の
優しい色で表出し、自然からいただく色の
贈り物に感謝しています。
(上)写真提供：全国裂織協会

　野口和子

└12

①水面櫻　②タペストリー　③2010年
④タテ糸：絹　ヨコ糸：絹裂布（桜葉染め、
藍染め）　⑤160×150cm　⑥水面に踊
る桜の花びら、琴の奏でる「さくらさくら」
の音色、春ののどかな一頁を表現していま
す。オオシマザクラ、オオヤマザクラ、ソメイヨシノ、ボタンザクラなどの緑葉、紅
葉の色をいただいて、優しい春の香りの桜
の世界を描いています。
（上）写真提供：全国裂織協会

└13

①私の華織　日本の夏「すずし」　②タペストリー　③2007年　④タテ糸：木綿、麻　ヨコ糸：木綿　⑤360×200cm　⑥時代の流れの中で手染めの技法による文様が消えてしまう、という志お屋の店主の言葉に何とか裂織で残したいという思いから私の華織が生まれた。ハンカチ大の浴衣布20枚。華織で白のベースに織り込む。60余年の夏が走馬灯の様に浮かぶ。この布との出会い、一年がかりで大きな「のれん」が織れた。浴衣柄の美しさ、日本の夏を裂織で表現したいと思った。

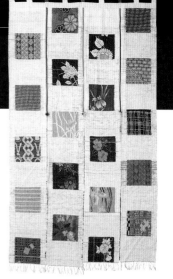

14

①私の華織 「華と華」 ②タペストリー ③2011年 ④タテ糸：木綿 ヨコ糸：木綿 ⑤180×120cm ⑥のびのびと美しく咲いている九種の花文様の華が大きく裂織布に残って織れた。紺と白の花文様を一枚の裂織布にちりばめて表現できればとの思いがあった。インドの糸をヨコ糸に入れた。紺の華、白い華がその糸との出会いにほほえんで見えた。新らしい発見が嬉しかった。（編集部注：左画像は裏面でも見事に表現された花模様のアップ）

L15

①うつ　②タペストリー　③2011年　④タテ糸：麻糸　ヨコ糸：絹布、紙　⑤320×140cm　⑥淡く透明感のあるグラデーションの色彩と、やわらかく溜めのあるフォルムから、静かな生命力を表現してみました。
写真提供：株式会社アートセンター

　若松美佐子

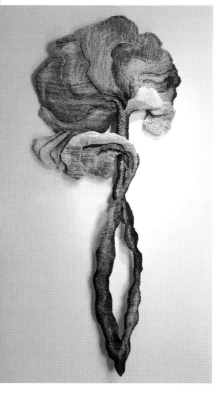

L16

①おやぁ ②タペストリー ③2010年 ④タテ糸：麻糸
ヨコ糸：絹布 ⑤270×230cm ⑥生まれ出ずる想い、
重なる想い、さまざまな想いは揺れ動き、漂い、たおやかに
さざ波の様に寄せては返します。
写真提供：株式会社アートセンター

17

①森　②マント　③2011年10月　④タテ糸：絹：草木染 (コチニール・ログウッド、ヤマモモ)　ヨコ糸：絹：大島紬、泥染、草木染 (コチニール・ログウッド、ヤマモモ)　⑤90×123cm　⑥纏う。泥染めした裂織を平面から動きあるスタイルにしたいと考え、大小2つの作品にしました。マントは大島紬の中に色を取り入れ、森や花の世界を彷彿させ、ジャケットは光を取り入れネオノスタルジックな世界観を表現しました。

∟18

①ネオノスタルジック　②ジャケット　③2011年12月　④タテ糸：絹：泥染
（奄美）　ヨコ糸：絹：大島紬、泥染　⑤87×48cm　⑥（編集部注：ジャケッ
トにボタンで取り付けられるフードは取り外し可能で、天地逆さまにしても着
用できます）

19

①ラ・マンチャの風　②タペストリー　③2011年　④タテ糸：麻　ヨコ糸：シルク、綿　⑤113×115cm　⑥スペインの抜けるような青空が、拡がる前のひととき暗い雲と風の中に、白い粉引風車は並んでいた。いまにも槍を掲げたドンキホーテとロバに乗ったサンチョ・パンサが現れそうな朝だった。

L20

①祈りへの道　②タペストリー　③2011年　④タテ糸：麻　ヨコ糸：シルク、綿　⑤120×
120cm　⑥大きな災害で多くの命が失われた今年、私も青春を共にした友人二人を見送った。
ここはノルマンディの海。夕焼けに刻々と変化していく空の下、小さな島はあふれる様な観光客
も去り、次第に色を失って黒い影になっていく。この島の修道院で、うしなわれた人々への祈り
が聞こえる。

21

①夕景 ②タペストリー ③2008年 ④タテ糸：絹 ヨコ糸：絹着物、帯
⑤250×200cm ⑥赤トンボの歌が流れる時間になると、夕げの支度の
音と、いいニオイが町角にあふれる。早くおうちに帰ろう。

22

①秋祭 ②タペストリー ③2011年 ④タテ糸：絹 ヨコ糸：絹
着物、帯 ⑤270×100cm ⑥セイヤッセイヤ。威勢のいい声が
通りをゆっくり近づいてくる。誇らしげに立てた提灯が揺れている。
稲穂をくわえた鳳凰神輿がもうすぐここにもやってくる。
写真提供：彦根愛

箕輪直子

23

①裂き織りのチャイナドレス　②チャイナドレス　③2011年
④タテ糸：綿テープ　ヨコ糸：シフォン地（裂き布・絹100%）
⑤103×73cm　⑥裂き織りというとまだ地厚な固くて重い布と
いうイメージが強いので、それを払しょくするような作品としてこ
のドレスとバッグを作りました。自分サイズなので、何度かパーティ
などにも着ていきました。

24

①昼夜織りの裂き織りバッグ　②バッグ　③2011年
④タテ糸：綿テープ　ヨコ糸：シフォン地（裂き布・絹100%）
⑤50×23cm　⑥綿テープは前に作った裂き織り・草木染服地
の残り糸です。メインで使う赤だけは追加で染めて組み合わせた
ため、多色使いの昼夜織りになりました。テープ状の糸は草木染
でも色の乗りがよく、しなやかで細い割には織った時の存在感が
あるので好きな素材の一つです。

25 26

②布 ③2011年 ④木綿、和紙など ⑥木綿は埼玉
県羽生藍染の布です。和紙は埼玉県細川紙、小川和紙、
楮100%。柿渋、藍、墨など自然色材を使い、先人達
の技法を学び、紙布糸を作り、木綿と紙糸で作品を創り
上げた。木綿のもつ暖かさ、和紙のもつ美しさ、素材の
もつ限りない力を頂いた想いです。

(左) 写真提供：岡嶋利英

└27

①無題　②額絵　③2011年　④タテ糸：金属糸　ヨ
コ糸：布、シルク、金属糸、綿　⑤82×41cm　⑥以前
より考えていた唐織風にて作成。

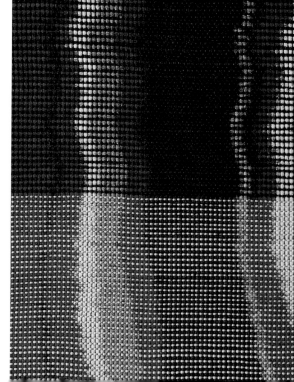

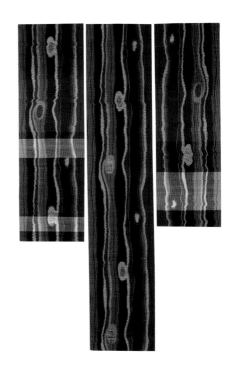

L28

①流（りゅう）　②タペストリー　③2007年　④タテ糸：シ
ルク　ヨコ糸：布、シルク、ラメ糸　⑤91.5×30.5cm、
147×30.5cm、90×30.5cm　⑥流れを、人生の道と考
え色合い（黄→太陽、赤→エネルギー）で表現。

29

②タペストリー　③2011年　④タテ糸：シルク　ヨコ糸：シルク（着物胴ウラ）　⑤160×100cm

L30

②クッション　③2011年　④タテ糸：シルク　ヨコ糸：シルク（着物胴ウラ）⑤42×42cm

31

①秋から冬へ　②ポンチョ　③2011年
④タテ糸：ウール、シルク　ヨコ糸：シル
ク　⑥裂織にしてと知人からグリーン系小
花柄の紬の着物を頂きました。タテ糸は
ウール、シルク等、何本かの糸をより合わ
せました。紬はとても裂きづらく、タテ糸
はぼこぼこして織りづらくと大変でしたが、
なんとか私の気に入った秋から冬へのイ
メージの裂織に仕上がりました。そのまま
身にまといたく、ポンチョにしてみました。

32

①コート ②コート ③2009年 ④タテ糸：ウール、シルク、化学繊維 ヨコ糸：シルク ⑥ヨコ糸は捨てられる寸前の銘仙の布団かわを裂きました。タテ糸はウール、シルク、化繊をより合わせました。織り上がると、とても綺麗な楽しい色に仕上がりました。やはり捨てられる寸前のバックの革を入れて、あったかコートに仕立てました。私は裂織の素朴なボサボサ感が好きです。

33

①ジーンズラグ2011　②敷物　③2011年　④タテ糸：麻　ヨコ糸：ジーンズ裂布　⑤1枚：70×128cm　⑥長年ジーンズ裂織に取り組んできた。履き古したジーンズは、時の経過により部分毎に微妙な濃淡を見せて色褪せ、縫代やポケットの後に元の濃い色を残している。その持ち味を活かしつつ、裂いた布を鮮やかな色に染めたり、染めずにそのまま使ったりして、ジーンズ本来の素朴さ、力強さ、使い込まれた美しさを今回はタテ糸の色にもこだわって、敷物として表現してみた。

└35

①葉音　②帯　③2010年　④タテ糸：絹
ヨコ糸：絹　⑤486×31cm　⑥丈の高い樹
木の上空を、葉を鳴らしながら通り過ぎる風の
音が聞こえた瞬間、意識の向きがふっと変わ
ることがあります。緑色の染め布を切って、模
様のヨコ布として入れてみると、表の柄と裏の
うす色が混ざりあい、布の地からざわざわと
浮き立ってくるようでした。この布を含め、数
種類の古い着物地を取り合わせ、灰味がかっ
た緑色の階調の帯地を織りました。

└34

①響き合う　②タペストリー　③2011年　④タテ糸：絹　ヨコ糸：絹、綿　⑤66×
44cm　⑥音が重ねられ、音楽となるように、タテ糸と裂き布が交差し、布となってい
く過程で、その取り合せでなければ生まれない新しい調和があるようにといつも思いま
す。このタペストリーは、裂織にした布を再度切ってヨコ布とし、織りました。布の断面
とともに、織りの工程や時間などが積み重なり、奥行きのある多重的な層となって、色
や質感が響き合い、リズム感を醸し出すことを願ってつくりました。

36

①春うらら ②ジャケット ③2010年 ④タテ糸：絹 ヨコ糸：正絹着物地 ⑤80×55cm
⑥ぬくぬく、ぽかぽか・・・じっとしてはいられない温かさに胸が高鳴ります。空気も大地も、顔を
出したばかりの道ばたの草木も、みんなリズムに弾んでいます。何とも言えない嬉しい予感が、こ
ころいっぱいに広がります。
写真撮影：田村陽子

37

①冬銀河　②ポンチョ　③2010年　④タテ糸:絹　ヨコ糸:正絹着物地　⑤80×90cm　⑥凍て付く冬の夜空。目を凝らして眺め入れば、宇宙の物語が見え隠れしてきます。星屑たちの軽やかなステップ、ひっそりとした囁き合い。一瞬の流れ星はどんな願い事を聞いたのでしょう。凛とした冷たい緊張感と、宇宙の営みへの馳せる思いを織り上げました。
(上) 写真撮影：阪　健志、(右) 写真撮影：水野　孝

38

①流れる ②タペストリー ③2010年 ④タテ糸：紙 (障子紙) ヨコ糸：綿裂布 (シーツ)
⑤350×120cm ⑥水が上から下に勢いよく流れる清々しさを、シンプルに力強く表現した
いと思いました。タテ糸は和紙を手で太めに裂き、強く撚ることで水の透明感がでました。更
に墨の濃淡でずらし絣を作り、インディゴと柿渋で染めた綿の裂布 (シーツ)をこれも強撚糸に
して、平織りで織り込みました。織らないで垂らした糸が、より流れ落ちる雰囲気を出せたの
は紙を強撚糸にしたためで、これは予期しない効果でした。
写真撮影：坂本浩一

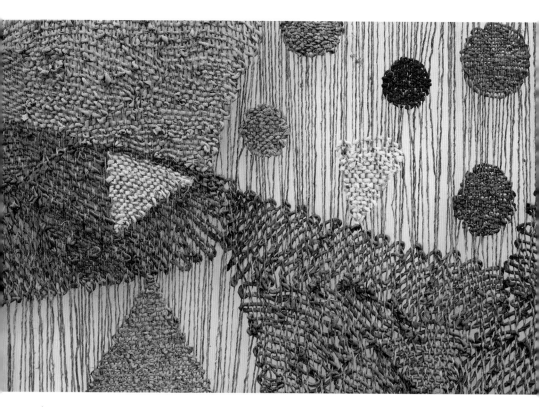

L39

①浮游　②タペストリー　③2011年　④タテ糸：麻糸　ヨコ糸：着物（絹）、裂糸　⑤170
×140cm　⑥私たちが住んでいる地球は、丸くて動いていて、時々凄いエネルギーで大災害
を引き起こすということを思い知った2011年3月11日でした。さらに原発事故が重なり、恐
ろしい放射能が大気中への流出。しかし、同じ大気中に浮游する水滴に光があたって虹になる
と知ったとき、私は古い着物の中からできるだけそれに近い色を取り出し、フレミッシュ技法で
透かしの裂織を織ってみました。逆光で糸の動きと希望の光が感じられればと思います。
写真撮影：坂本浩一

|40

①岩室便り　天使の梯子　②額絵　③2011年　④タテ糸：綿　ヨコ糸：絹、綿、オーガンジー他
⑤170×130cm　⑥八ヶ岳山麓、山の中腹に岩室があり、そこからの眺めはそれは美しい。陽が少
し西に傾く頃、空から光の梯子が下りてくる。古い昔話しを題材に制作にあたりました。（綴裂織）
写真提供：織音舎

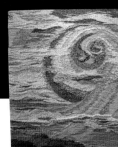

|41

①耀映　②額絵　③2011年　④タテ糸：綿　ヨコ糸：絹、綿、オーガンジー他　⑤162×132cm
⑥陽光は輝き、雲はたなびき宙を風と共に舞い踊り、刻一刻とその姿を変える。自然の営みの素晴ら
しさに心打たれ、制作にあたりました。（綴裂織）
写真提供：織音舎

42

①潮流の彼方へ　②タペストリー　③2011年5月　④タ
テ糸：綿糸　ヨコ糸：綿布、絹布　⑤180×145cm　⑥
未曾有な東日本大震災後の混沌とした状況の中遠くの海
でおこった強大なうねりが一日でも早く穏やかな海に戻っ
てほしいと願いつつ、海水と川水の融合する「潮溜まり」と
「希望」を表現しました。(第66回新潟県美術展覧会第5
部工芸奨励賞受賞)

　西本和枝

L43

①風韻　②タペストリー　③2011年10月　④タテ糸：
エジプト綿糸　ヨコ糸：綿布、絹布　⑤180×135cm
⑥自然界の海岸でおこった様を心象表現しました。目に見
えない「風」のおもむきをダイナミックに表現しました。(第
40回記念芸展新潟県美術家連盟会員県知事賞受賞)

L44

①シャイングリーン　②額絵　③2008年　④タテ糸：エジプト綿　ヨコ糸：絹 着物地　⑤90×250cm　⑥緑のタテ糸に後押しされるように裂が次の裂を選んでいく。いつの間にか自然の讃歌に包まれて織りあげました。
写真撮影：野村順子

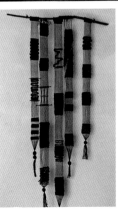

L45

①インシデント (偶景)　②タペストリー　③2010年　④タテ糸：エジプト綿　ヨコ糸：絹 着物地　⑤230 ×50cm　⑥偶有性に満ちた時の訪れに身をまかせ手を自然にはこばせて織りすすめたもの。
写真撮影：野村順子

Junko Nomura　|　63

L46

①冬の棚田　②タペストリー　③2004年
④タテ糸：絹糸　ヨコ糸：裂糸、麻糸　⑤165
×96cm　⑥冬の棚田を織る為に何度も足を
運びました。石垣の一つひとつが白い雪に縁
どられ棚田をしっかりとささえていました。こ
うした原風景が後世に引き継がれていく事を
願って裂織りに託しました。

L47

①旅のお供に（ネクタイで織ったバッグ）
②バッグ　③2011年　④タテ糸：絹　ヨコ
糸：ネクタイ　⑤20×38cm　⑥主人のネク
タイが段ボール箱に一杯あり、捨てるに捨てら
れず、これもいつかは織り物にと保管して22
年。今回は目黒小品展に出品する為に織って
みました。ネクタイは布地が良く光沢もあり、
バッグに仕上げても高級感があります。旅の
お供には最高だと思います。
縫製：小倉礼子

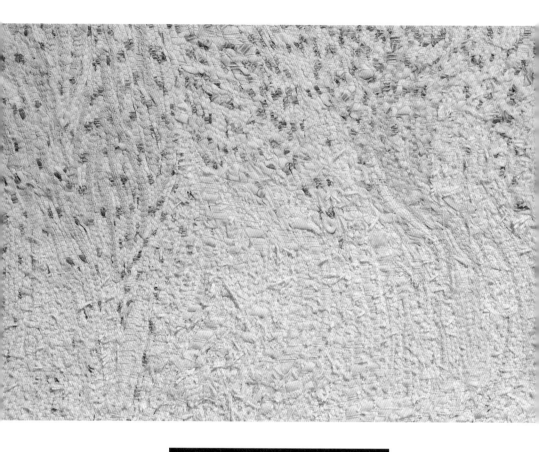

└48

①「揺曳11-1」 ②造形作品 ③2011年 ④タテ糸:
絹 ヨコ糸:裂布(木綿・絹・化学繊維など) ⑤65×
65cm ⑥命をまっとうせずに捨てられてゆく現代の布切
れたち。不用になった布にもう一度命を吹き込みたい。揺
れ動く心象風景と裂織技法の可能性に挑む。
写真撮影:神尾康孝

└49

①「揺曳11-2」　②造形作品　③2011年　④タテ糸：
絹　ヨコ糸：裂布（木綿・絹・化学繊維など）　⑤65×
65cm
写真撮影：神尾康孝

平澤朋子

L50

①織織花～oliolika～　②バッグ　③2011年　④タテ糸：綿糸　ヨコ糸：着物2反　⑤30×46cm　⑥手で裂くことで生まれる"糸の屑・布端のケバ・光の陰影"を活かした、だいなみっく裂織です。「織織花」"愉快・楽しい・幸福"というハワイの言葉OliOli。OliOliな気分を花びらに、ひとひらひとひら織り込みました。

51

①AGGREGATION Ⅶ　②インスタレーション　③2006年　④オリジナル裂織布、ポリエステル糸　⑤200×158cm　⑥～裂織布の小片　それは新たな　創造の世界～　種々集まって織り成す"集合の美"放たれる深みのある色調、リズミカルな美しさに心躍ります。
写真撮影：宮家秀明

　公文知洋子

L52

①AGGREGATIONの衣　②衣　③2008年　④オリジナル裂織布、ポリエステル糸　⑤120×65cm(Mサイズ)　⑥このシリーズを纏ってみたく制作した唯一の工芸作品。
写真撮影：公文知洋子

53

①root　②タペストリー　③2010年　④タテ糸：インドシルクパピエ糸　ヨコ糸：古布（蚊帳・魚網・着物）、チュール　⑤110×350cm　⑥テーマは「古代文字」。人間が記し残したもの。その想像は私を新鮮に制作にむかわせる。人間と自然が共存している生命の記憶がその中に見え隠れする。自然光の中で文字が浮き上がり、消える。現在へと続く生活のはかなさと力強さを表現したい。
写真撮影：矢野誠

└54

①pucuk・3～生える　②タペストリー　③2007年　④タテ糸：インドシルクパピエ糸　ヨコ糸：古布（蚊帳・魚網・着物）　⑤230㎝×340㎝×3㎝
⑥生物の「生える」というささやかな営みを目にした時、目には見えないその地表下に、無数の細胞の「生える」という活動を想像する。それは確かに日
常の中で静かに力強くうごめいている。私達もその一部なのだろう。
写真撮影：矢野誠

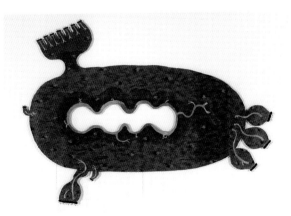

55

②バッグ　③2011年秋　④タテ糸：綿
ヨコ糸：古裂、藍木綿　⑤42×50cm
⑥3色のタテ糸に古裂（木綿）を織り込ん
で大きなかばんに仕立てました。持ち手
と口布は厚手の柿しぶ布、赤糸のステッチ
と木彫りのかざりがポイントです。

56

②バッグ　③2011年秋　④タテ糸：綿
ヨコ糸：古裂（ふとん地）　⑤42×50cm
⑥No.55と同型のかばん。持ち手と口布
は蚊絣。

57

①わたしのスーベニール（クリスマス・イヴ）　②コートとスカート　③2011年8月　④タテ糸：カシミヤ入ウール糸（織糸）ヨコ糸：カシミヤ入ウールと男物シルクウール着物地の裂糸　⑤11号　⑥赤いコート！　出来るだけきれいな色に、あたたかい布地をイメージしてタテ糸カシミヤウールの織糸を何本かひき寄せて整形。ヨコ糸は男物のシルクウールの着物地を1cmにカットした裂糸。少しの変化を表現したくて5m、5mと2回にわけて整形。組織にして布地の仕上がりを考慮しました。デザインは衿まわりにポイントを、タックをとり、うしろを高くたて少し気取って着こなしたい。いつか旅したパリの街を思い、白いミンクのベレーをコーデに楽しい雰囲気に！

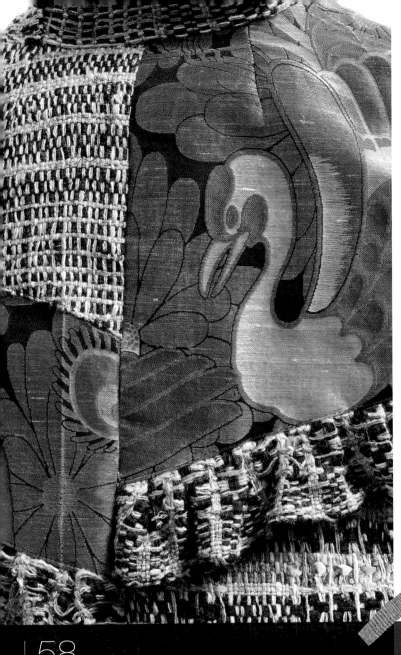

58

①わたしのスーベニール（インドの糸）　②コート　③2011年10月　④タテ糸：インドのタッサーシルクとシルクの織糸　ヨコ糸：インドのタッサーシルクとシルクの織糸、男物のシルク着物地の裂糸　⑤11号　⑥インドで手に入れた、桑畑で自然の中で育った"かいこ"の糸。太さも様々で、なめらかさはないけれど、素朴な温かさを感じる糸。シルクの織糸をそわせてタテ糸、ヨコ糸に使用。更にヨコ糸は男物のシルクの着物地の裂糸。デザインはナチュラルな織上がりの布に古い帯地を大胆に切り替え、アンバランスに。フリルでやわらかさを表現しました。男物の着物を総裏に、風を通さなくて、温かいコートです。

59

①色紙 (いろがみ)　②ワンピース　③2011年　④タテ糸：化学繊維　ヨコ糸：絹、化学繊維　ストレッチヤーン　⑤110×40cm　⑥胴裏を裂き織り上げた。表面の風合に変化をもたせたいのでストレッチヤーンを使い、伸縮させた。布に立体感が出せたと思う。

L60

①藍とまゆと　②チュニックと帽子　③2011年　④タテ糸：綿　ヨコ糸：絹、ストレッチヤーン　⑤60×40cm
⑥大縞の古布を裂き、まゆを引きのばして織りこんだ。ストレッチヤーンを織りこみ、布に表情を出した。帽子のトップにまゆを飾った。

L61

①まるちゃん　②バッグ　③2011年11月　④タテ糸：木綿　ヨコ糸：木綿ブロード　⑤32×43cm（まち12cm）
⑥ある展覧会の時に、お店の方の提案から生まれました。まるって作っていても、持っていても幸せな存在だなと思います。「まるちゃん」という呼び名も気に入っています。

L62

①しちさん　②バッグ　③2011年11月　④タテ糸：木
綿　ヨコ糸：木綿ブロード　⑤32×43cm（まち12cm）
⑥表と裏で色の分量が逆転しています。今日は表。今日
は裏。というように気分も変われば毎日少し楽しい。

63

①大判裂織ストール　②ストール　③2011年10月　④
タテ糸：ポリエステル68％、レーヨン32％　ヨコ糸：絹
100％　⑤80×210cm　⑥計算と偶然が織りなす美。
色と色との絶妙な混り合いには絶妙な味わいがあります。
色鮮やかで柔らかくしなやかなストールを作りました。

└64

①万華布ちらし　②チュニックとパンツ　③2011年10月
⑤チュニック：90×58cm、パンツ：93×60cm　⑥万華
鏡をイメージして楽しく、ハッピーになるような、自由にまと
える服。

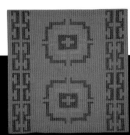

L65

①失われゆくものへ―いにしえの記憶―　②タペストリー　③2010年　④タテ糸：綿　ヨコ糸：土佐紬
⑤156×160cm　⑥以前から興味を持っていたアイヌの切り伏せ文様を裂織で表現してみたいと思って
タペストリーにデザインしました。いにしえ人が文様に込めた想いを想像しながら織りました。

　浅井しおり

L66

①失われゆくものへー星彩青青ー　②タペストリー　③2009年　④タテ糸：綿　ヨコ糸：土佐紬　⑤
175×113cm　⑥もう織られなくなった土佐紬で織り続けている「失われゆくものへ」シリーズ3作目。
夜空に輝く星をイメージして織りました。静寂の時、それは至福の時。

67

①光の中で　②ワンピース　③2011年　④タテ糸：綿　ヨコ糸：綿、絹
⑤100×57cm　⑥野山の自然の中で遊ぶ服。明るく開放的な色合いの中
に自由な精神を見てほしい。

L68

①森へ入る　②ワンピース　③2010年　④タテ糸：綿　ヨコ糸：綿、絹
⑤96×50cm　⑥素材にとらわれず、型にもはまらず、色使いは自由気まま。
着て、見て楽しい服を作りました。

GRAPHIC
SAKIORI

Groups Works

69—100

雨雲が散り、太陽が沈む間際の
十和田湖畔にて。

sakiori-3G

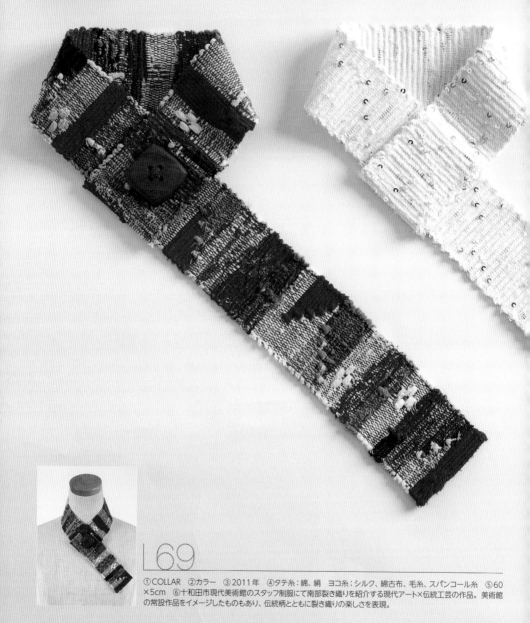

L69

①COLLAR　②カラー　③2011年　④タテ糸：綿、絹　ヨコ糸：シルク、綿古布、毛糸、スパンコール糸　⑤60×5cm　⑥十和田市現代美術館のスタッフ制服にて南部裂き織りを紹介する現代アート×伝統工芸の作品。美術館の常設作品をイメージしたものもあり、伝統柄とともに裂き織りの楽しさを表現。

sakiori-3G

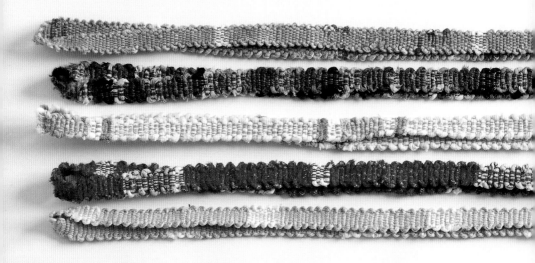

L70

①お紐　②お紐　③2010年　④タテ糸：綿　ヨコ糸：綿古布、スパンコール糸　⑤40×1cm　⑥十和田市役所の職員証ストラップにて、郷土の手仕事を紹介する作品。細く織ることは、タテ糸が切れてしまうことが多いので細心の注意が必要です。色あいは、職員の希望を夫々にとり入れ「十和田湖の水をイメージ」「女性らしく優しいイメージ」など、オートクチュールとし、世界にひとつしかない特別感をだしました。No.69、No70とも十和田市現代美術館ショップにて販売。

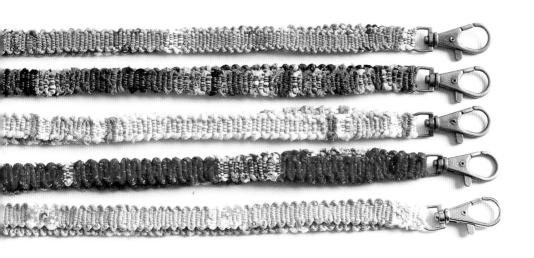

L71

①沖縄を思って　②ベスト&パンツスーツ　③2007年　④タテ糸：絹、綿　ヨコ糸：絹、綿
⑤ベスト：80×75cm、パンツ：113×67cm　⑥沖縄に行くためにパンツを作りました。沖
縄の女性にどうしても譲って欲しいと言われましたが持ち帰ってしまいました。譲れば良かった
と後悔しながら、それに合わせてベストを作りました。

①赤に魅せられて　②ワンピース　③2008年　④タテ糸：綿　ヨコ糸：絹　⑤111×67cm
⑥先ず布のなんともいえない赤が気に入りました。そしてそれに合わせての他の布や糸を選ん
だ時の楽しさが今でも思い出されます。どうすればその布が生かせるか、楽しく織りました。
素敵な布に出会えると創作意欲がわきます。

L73

①SUN ②額 ③2011年 ④タテ糸：綿 ヨコ
糸：大漁旗、漁綱、わら、綿 ⑤103×72.8cm
⑥ボランティアとして災害支援を行う中で船主さん
から沢山の大漁旗を頂きました。その中には津波
の被害を受けカビや泥が目当つものも多くありま
す。裂織にする事で元気な色合いを活かしました。
太陽の温みを感じながら織った裂織と写真の命の
誕生とそれを見守る家族が重なる作品。

74

①EARTH　②額　③2011年　④タテ糸：綿
ヨコ糸：大漁旗、着物、漁網、ウール、わら、綿
⑤72.8×51.5cm　⑥地球を旅する様な気持ち
で織った裂織りと写真の変わりゆく美しい風景とそ
の無情さが重なる作品。

75

①追憶　②コート　③2011年
④タテ糸：ウール　ヨコ糸：ウール
⑤101×76cm　⑥忘れてしまうに
はあまりに悲しい。かたちを変えてい
つまでも心にとどめておきたい。

L76

①祝　②ジャケット　③2011年　④
タテ糸：綿　ヨコ糸：絹、綿　⑤85
×58cm　⑥ご結婚お目出とうござ
います。末永くお幸せでありますよう
に。心を込めて作りました。
縫製：寺内靖

手織り工房
のっぽっけ

┗77

①亡き母への伝言　②ブラウス
③2011年　④タテ糸：綿　ヨコ糸：
絹　⑤69×67cm　⑥母に頂いた
羽織で織りました。私が障害者になっ
たことをとても心配していましたね。
でも素敵なことが出来るようになりま
した。見てください。

①ママかわいいね! ②ワンピース ③2011年 ④タテ糸:綿 ヨコ糸:絹、綿 ⑤108×101cm ⑥前から見るとバイヤス、後はボーダーストライプ、楽しい表情。これを着てパパとデートはいかがですか。

79

①雅　②ツーピース　③2011年
④タテ糸：綿　ヨコ糸：毛　⑤上衣：
50×89cm、スカート：85×53cm
⑥今まで織ったことのない紫を使って
織りました。大人っぽく…。布を全部
つかいたいのでこのデザインになりま
した。

80

①春　②ベスト、スカート、帽子
③2011年　④タテ糸：綿　ヨコ糸：
絹、綿　⑤ベスト：57×48cm、スカー
ト：80×56cm、帽子：29×26cm
⑥冬の寒さも和らぎ、暖い春の日差し
を思い浮かべながら織りました。

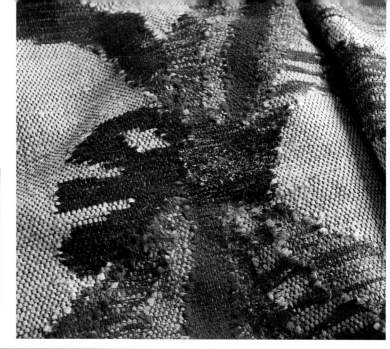

81

①たばねのし2　②タペストリー　③2009年　④タテ糸：絹　ヨコ糸：絹（裂布）　⑤164×100cm　⑥娘たちの乳幼児期の赤糸の着物を「たば
ねのし」で表現しました。「娘たちの未来に幸あれ」と願う母の気持ちを織り込み、赤の持つエネルギッシュな力強さに、思いを託しました。

82

①八ヶ岳連峰とレンゲツツジ　②タペスト
リー　③2009年　④タテ糸：絹　ヨコ糸：絹
（裂布）　⑤119×100cm　⑥八ヶ岳美術
館での作品展の機会をいただき、原村の村花
レンゲツツジと八ヶ岳連峰を表現してみまし
た。さわやかな高原の緑香るさまと八ヶ岳連
峰の山なみが、しばし、ゆったりとしたひとと
きをもたらしてくれました。

L83

①牛、そして牛―スペインⅡ　②タペストリー　③2011年　④タテ糸：麻　ヨコ糸：絹、綿　⑤70×45cm　⑥スペインの広大な大地を、次の町に向かって走る。丘の上に見えてくるのは、巨大な黒牛。オズボーンというシェリー酒の会社の看板だった彼等は、強い太陽と風と闘いながらじっと立っている。真っ黒に塗り直されて。

L84

①一破間―秋　②タペストリー　③2010年　④タテ糸：麻　ヨコ糸：木綿、ウール　⑤130×65cm　⑥今年も橋を流し、田畑を水びたしにしたふるさとのあばれ川。秋をむかえ、色づいた葉を浮かべ、流れている。

目黒和子　Kazuko Meguro　　105

85

①水芭蕉　②タペストリー　③2009年　④タテ糸：綿　ヨコ糸：絹　⑤150×42cm　⑥図案化した水芭蕉。角度をかえて見た感じに。

86

①雫　②タペストリー　③2009年　④タテ糸：綿　ヨコ糸：絹　⑤150×134cm
⑥雨上がり。夕陽をあびて虹色にかがやいた雫をイメージして。

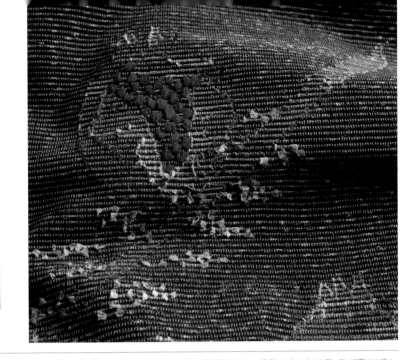

87

①柘榴　②タペストリー　③2011年　④タテ糸：綿　ヨコ糸：シルクの裂布と綿糸　⑤180×54cm　⑥春には赤い小さな花、そして夏にはグリーンボールの実をつけたざくろの木。秋にはそのグリーンボールが赤く色づき、やがてパックリ割れるとイクラをぎっしりつめこんだような赤い種が顔を出す。四季を通して楽しませてくれるざくろを織で表現して見ました。

88

①炎　②タペストリー　③2011年　④タテ糸：綿糸　ヨコ糸：絹の裂布　⑤170×50cm　⑥もえるような真紅の裂布を大き目の組織の文様で表現してみました。目の覚めるような赤を楽しんでいます。
（上）写真提供：全国裂織協会

L89

①舞う ②ツーピース ③2011年 ④タテ糸：綿 ヨコ糸：上衣―絹、化学繊維 スカート―綿 ⑤上衣：42×180cm、スカート：82×44cm
⑥上衣は紅絹でやわらかく、スカートは綿でしっかり織りました。仕立てはシンプルですが、縫い上った時、舞い出したくなる様な気分でした。

L90

①雪降る日には ②ケープ ③2009年
④タテ糸：綿、化学繊維、シルク ヨコ糸：絹、
手紡ぎ糸、毛 ⑤65×130cm ⑥地味な
着物が、保温をかねて間に入れた手紡ぎ糸や
毛糸で生まれかわりました。押えた赤のケー
プは雪降る日にはよく似合う様に思います。

L91

①小躍りしたくなる　②ワンピース　③2011年8月　④タテ糸：綿　ヨコ糸：綿　⑤90×60cm　⑥胸元やポケットのアクセントには残り布やヨコ糸や太い絹糸・綿糸やその他をミシンでつなぎ合せ、貼りつけたものです。ポケットも実用的に裏にゴースをつけてあります。帽子をかぶれば一段と可愛くなります。

L92

①寒くても心配ないよ　②ワンピース　③2011年　④タテ糸：綿　ヨコ糸：絹裂糸　⑤90×60cm　⑥頭よりかぶって着られ、下にはタートルネックのセーター等着られ、コートとしてでも着られるようなワンピースです。

L93

①黒白赤のリズム　②チュニック　③2009年　④タテ糸：絹糸ピュアシルク　ヨコ糸：絹きもの裂糸、シルク糸　⑤82×74cm　⑥「裂織しているの」
と言う私に、母方のおばから提供された江戸褄。黒も好きだけど、モダンを目ざして織ることに、合わせやすい色調でと黒白赤のタテ糸で、ヨコ糸に黒
裂布、糸と交互に、リズムを変えながら、ランダムな横段を楽しみ織りました。オーバーサイズの優しい単衣に、今を着たいと思い裾ラインを遊んでみま
した。

L94

①ローズ色に魅せられて　②ジャケット
③2008年　④タテ糸：絹ピュアシルク
ヨコ糸：絹きもの裂糸、シルク糸　⑤57×
90cm　⑥日々の中で心ときめく色、ローズ
色との出会いは、色そのものがすでに華やぐ
バラの花のごとく、女性らしさをゆさぶる感じ
でした。絹糸の輝きを用いつつ、少し落ち着
きをと茶色と交互に整経し、より柔らかさを
出す為に胴裏と絹糸をヨコ糸にし織りました。
華やかなれどやさしい単衣は、今の私に心躍
る元気をくれる一枚です。

L95

①帽子（ベレー）　②帽子　③2011年　④タテ糸：麻、木綿　ヨコ糸：綿　⑤26×26cm　⑥藍染めの裂織布に細い糸を入れ布のおもしろ味を出した。ベレー型にして着用する人の巾を広げた。

L96

①帽子（ベレー）　②帽子　③2011年
④タテ糸：綿、化学繊維　ヨコ糸：絹
⑤26×26cm　⑥胴裏を裂き、染めたループヤーンを交互に入れ織り上げた。軽い感じに仕上げたいので打ち込みは、やわらかくした。サイズ元には革をあしらった。

Jota
手織工房

97

②マント　③2011年　④タテ糸：
シルク　ヨコ糸:シルク、革、エクセー
ヌ、裂き布　⑤100×135cm
⑥裂き布は糸とは違い、布独特の
質感があります。今回はその質感を
とことん楽しんで織りました。布だ
けでなく、革や糸が持つ質感もあり、
そこから生まれる色合いや風合を感
じながら感覚的に織っています。そ

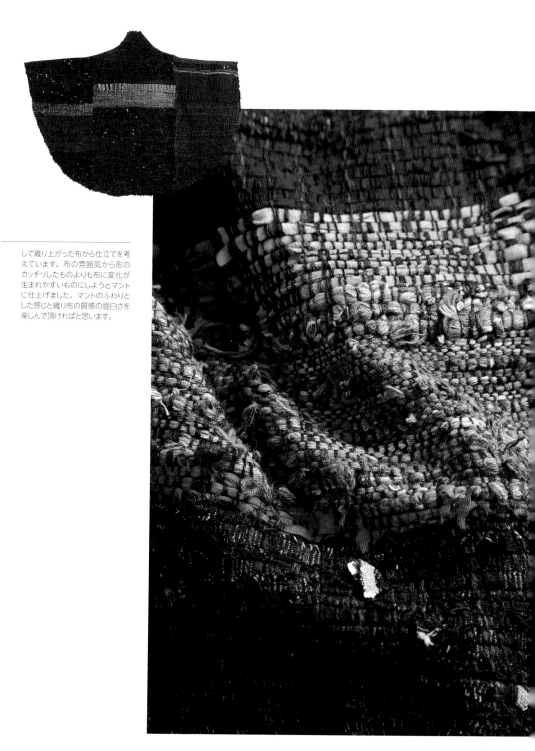

して織り上がった布から仕立てを考
えています。布の雰囲気から形の
カッチリしたものよりも布に変化が
生まれやすいものにしようとマント
に仕上げました。マントのふわりと
した感じと織り布の質感の面白さを
楽しんで頂ければと思います。

L98

①衝動　②造形作品　③2011年
④タテ糸：ウール、針金　ヨコ糸：
ウール、コットン　⑤29×168cm
⑥自分で織った布を裂いて織りまし
た。原毛をたっぷり織り込み、タテ

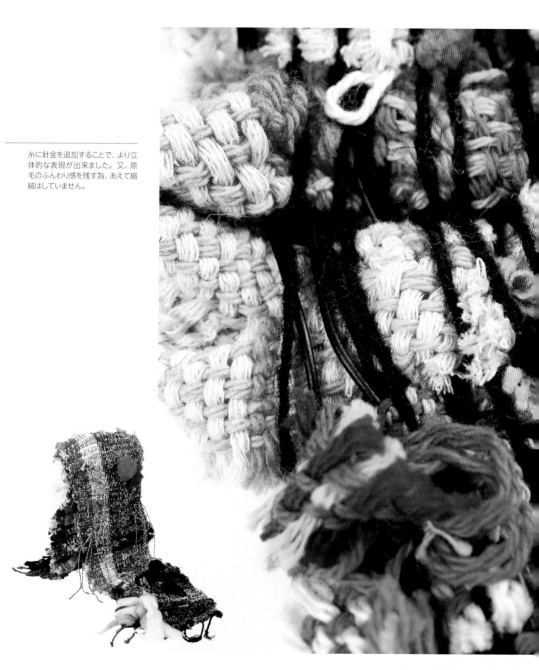

糸に針金を追加することで、より立
体的な表現が出来ました。又、原
毛のふんわり感を残す為、あえて縮
絨はしていません。

裂き織り工房
さっこり

99

① 天長地久　② タペストリー　③ 2011年
④ タテ糸：絹、綿　ヨコ糸：絹、スパンコール
⑤ 144×48cm　⑥ 2011年鈴鹿市美術展
出展作。鈴鹿商工会議所会頭賞を受賞。

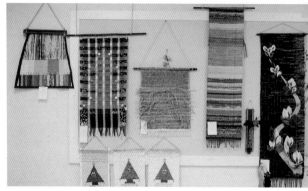

L100 Exhibition

2011年10月14日～10月16日に開催された「第8回裂き織り作品展」(イオンモール鈴鹿ベルシティイオンホール)の様子。地元紙の中日新聞社、伊勢新聞社にも大きく取り上げていただいて、沢山のお客様に見に来て頂けました。会場は面積約366平方メートルあり、約500点ほどの作品が所狭しと並べれました。裂き織り工房さっこりは年に一度作品展を開催しておりますが、1教室でこれだけの規模で毎年の開催は全国でも鈴鹿だけではないかと思います。教室の皆さんはその思いをステキな作品に仕上げております。1部ですが展示会場を見ていただきます。(「裂き織り工房 さっこり」ブログより抜粋)

写真提供：裂き織り工房 さっこり

作家プロフィール

永原智惠子　Chieko Nagahara

■あなたにとって裂織とは?
古い布が想像を越える新しい表情となって生まれ変る事に日々感動しております。織り上がった裂織の布の力強いパワーが好きです。

■略歴
2004～11年熊本くらしの工芸展入選。05年全国裂織展美術工芸部門優秀賞。06年北海道美術工芸展協会賞。10年北海道美術工芸展奨励賞、裂織の今展出展(千疋屋ギャラリー)、裂織アート&クラフト展出展(目黒区美術館区民ギャラリー)。11年裂織展&小品展2011出展(目黒区美術館区民ギャラリー)。

■問い合わせ先
〒004-0014　北海道札幌市厚別区もみじ台北1-13-6
E-mail : sakiori-chieko@softbank.ne.jp

村上あさ子　Asako Murakami

■あなたにとって裂織とは?
自分が現われるモノ。健やかで存在感のある布を作りたい。

■略歴
1954年青森市生まれ。78年東京テキスタイル研究所基礎科卒。青森市にて創作活動を始める。88～98年まで女性による造形展「湧く湧くWORK展」企画開催。96年青森市高田に工房テキスタイルスタジオ村上開設。2000年青森市高田の工房にて裂織り教室、ギャラリー兼店舗開設。03年あおもり伝統工芸・クラフト展あおもりクラフトコンペ出品。作品「サクリカード」がデザイン賞受賞。04年あおもり伝統工芸・クラフト展あおもりクラフトコンペ出品。作品「白の記憶」が金賞受賞。06年青森県津軽裂織伝統工芸士に認定。3月「和のある暮らしのカタチ展」出品(東京新宿リビングデザインセンター OZONE 3F)中小企業基盤整備機構主催。08年10月銀座静南ギャラリーにて個展、以後毎年開催。10年4月青森県立美術館にて「村上あさ子津軽裂織it16」。11年5月鎌倉市木木にて「りんごの木の下で」、7月青森市工芸店すくもにて「アートする陶と織」、秋田市ココラボラリー・盛岡市ひめくりにてグループ展。91～11年個展、グループ展多数。

■問い合わせ先
テキスタイルスタジオ村上
〒030-0151　青森市高田朝日山809-256
TEL&FAX.017-739-7761
E-mail : tx.murakami@goo.jp

田中アイ　Ai Tanaka

■あなたにとって裂織とは?
偶然出会った裂織作品。それに魅せられ、どっぷり浸ってしまいました。古布を再利用するため、一番のエコと思います。

■略歴
1940年生まれ。「つがる地機の会」代表。77年前後に民俗学者の田中忠三郎氏と出会い、それが裂織を織るきっかけとなる。86年に「つがる地機の会」を結成し、それ以来、毎年年に一度のグループ作品展を続けている。「全国裂織協会」理事も務める。

■問合せ先
田中アイ裂織教室、津軽地機の会
〒036-8086　青森県弘前市大字田園1-11-5
TEL&FAX.0172-28-3106

三上ムツ　Mutsu Mikami

■あなたにとって裂織とは?
裂織歴約28年。今では日々の仕事。生活そのもの。人生そのものです。

1985年地機を使用して裂織をはじめる。その後高機に変更。96年卓上機を改良したオリジナルの機で織のレベルを上げ、教室生に指導し現在に至る。2001年全国裂織協会の理事として行動し始め現在に至る。02～11年年間4～5回の展示に出品。05年工房糸音を開設する。08年パリにて行われたグループは音の日本の裂織展に出品。

■問い合わせ先
工房糸音
〒036-8364　青森県弘前市新町225
TEL.0172-33-3326　FAX.0172-33-0897

恒松和子　Kazuko Tsunematsu

■あなたにとって裂織とは?
更にさらに美しい再生

■略歴
1942年秋田県に生まれる。78年より独学で裂織の創作を始める。2004年第2回全国裂織展大賞受賞。同年仙台市博物館にて初個展「暮らしの中に裂織　恒松和子作品展」を開催。05年第3回全国裂織展入選。06年第15回河北工芸展入選。07年第4回全国裂織展入選。09年京都旧尾藤家住宅にて作品展開催。10年裂織の今展(千疋屋ギャラリー)、裂織アート&クラフト展出品(目黒区美術館区民ギャラリー)。11年裂織アート&クラフト展出品(目黒区美術館区民ギャラリー)。

■問い合わせ先
〒980-0866　宮城県仙台市青葉区川内三十人町49-117
TEL&FAX.022-262-5840

野口和子　Kazuko Noguchi

■あなたにとって裂織とは?
古布(持ち主)の思いを受け止め、新しい布として再び輝き、生活の中で生かすこと。古布との出会い、感謝、そして創造する喜び。

■略歴
2005年8月全国裂織展入選(東京きもの美術館)。07年8月全国裂織展伝統継承部門佳賞(上野の森美術館)。08年5月ておりや創業30周年記念公募展入選(グランキューブ大阪)、10月「日本の裂織」パリ展(日仏文化センターエスパス服部)。09年10月古布の詩裂織展(八ヶ岳美術館)。10年10月あなたが選ぶ信州の裂織展立体部門佳賞(八ヶ岳美術館)。11年3月野口和子展「櫻彩」(千疋屋ギャラリー)、7月野口和子展「花筏」(千疋屋ギャラリー)、9月全国裂織展(上野の森美術館)。12年3月日露国際芸術祭2012 WABI-SABI(ロシア国立中央展示場)。

■問合せ先
工房和(グループさ・き・お・り代表)
〒302-0034　茨城県取手市戸頭2-50-9
TEL&FAX.0297-78-5727

山本雅子　Masako Yamamoto

■あなたにとって裂織とは?
布との触れ合いで心が和み、やさしい気持ちになれる。裂織は物語を創作する様な楽しい遊びです。

■略歴
骨董店で魅せられた一枚の裂織布、それとの出会いが私を裂織りへと導いてくれました。糸かけを先生に学び、さあこれから待望の裂織り、という時、姑の介護という現実。家を出ることができず、織りたい気持ちが先行し姑のベッドの横に主人手創りの織機を持ち込み、ああでもない、こうでもない自己流の織りが続いています。

2004年第2回全国裂織展優秀賞。05年第3回全国裂織展出展。06年第4回全国裂織展出展。09年日立市展市長賞。10年裂織の今展出展

（千疋屋ギャラリー）、裂織アート&クラフト展出展（目黒区美術館区民ギャラリー）、茨城県美術展覧会入選。11年茨城県美術展覧会入選、裂織展&小品展2011（目黒区美術館区民ギャラリー）。

■問い合わせ先
〒316-0012　茨城県日立市大久保町4-11-26
TEL&FAX.0294-35-6168

若松美佐子　Misako Wakamatsu

■あなたにとって裂織とは？
繊維が布になるまでの、智恵とエネルギーが私の作品の支えです。

■略歴
1987〜07年Fiber as ART展（10回）。04〜11年新制作展（8回）。05、07年個展「CLOUD」「層奏」。06、11年ミニチュアールテキスタイル「コモ」（イタリア）。06年日本現代テキスタイルアート展（日本、キルギス、トルコ）。08、09年新制作協会新作家賞受賞。10、11年テキスタイルアートミニチュアール展　百花彩才・百花斉放。11年現代日本ファイバーアート展。新制作協会会員、株式会社アートセンター常務取締役。

■問い合わせ先
株式会社アートセンター
〒104-0061　東京都中央区銀座3-11-1
TEL.03-3546-8880　FAX.03-3546-8881
http://www.artcenter.co.jp
E-mail：www.wakamatsu@artcenter.co.jp

江川民見子　Tamiko Egawa

■あなたにとって裂織とは？
伝統的で硬質な裂織のイメージもいいけれど、そっと逆らってモードな裂織を表現したかった。

■略歴
兵庫県生まれ。大阪なんば髙島屋でファッションデザイナーとして活躍。退職後、古布や裂織を使った洋服のデザインを手がける。1998〜2000年まで髙島屋「アートサロン」にて個展開催。97年より毎年全国創作工房展出展（横浜髙島屋）。01年全国創作工房（日本橋髙島屋）に出展。11年、日本橋三越本店出品。その他各地で個展開催。2000年東京・青山にて自身がデザインした裂織や着物地の衣服を販売するアトリエをオープン。

■問い合わせ先
〒107-0062　東京都港区南青山6-1-6-202
TEL.03-3498-6377　FAX.03-6427-3187
http://www.015.upp.so-net.ne.jp/kofutami/
E-mail：kofutami@kc4.so-net.ne.jp

目黒和子　Kazuko Meguro

■あなたにとって裂織とは？
糸で織るのも大好きですが、織り度い風景に出合った時は古い布の中に欲しい色が有るように思います。

■略歴
2008年日本の裂織展参加（日仏文化センターエスパス服部）。09年PARIS-TOKYO参加（千疋屋ギャラリー）。10年さ・き・お・り展開催（国重文目黒邸資料館）。信州の裂織展出品。11年八戸・裂織ふれあい展出品、西の京さ・き・お・り展開催（山口市菜香亭）、全国裂織展出品、秋彩東京さ・き・お・り展開催（千疋屋ギャラリー）。

■問い合わせ先
〒112-0014　東京都文京区関口3-15-7
TEL&FAX.03-3941-7969
E-mail：meguro-kun@mwb.biglobe.ne.jp

彦根愛　Ai Hikone

■あなたにとって裂織とは？
過去と現在、未来を繋ぐ織物

■略歴
2000年ドイツTALENTE I.H.M2000。02、06年全国裂織展。04年全国裂織展審査員賞。04〜06年Interpress WHAT'S HOT CONTEST

各年受賞。08年日本ジュエリーアート展大賞受賞。10年DESIGNふたつの時代[60vs60] D8（銀座ミキモトホール）、「日本・中国・韓国・現代メタルアート展」遼都1300年（奈良平城京）、日本ジュエリーアート展。11年UNDER WATER EDEN（ベトナムホーチミン）。女子美術大学、女子美術大学短期学部非常勤講師、日本クラフトデザイン協会会員、現代工芸美術家協会会員、全国裂織協会会員。

■問い合わせ先
染織工房neitoun
〒120-0035　東京都足立区千住中居町32-12
TEL&FAX.03-3882-3702
http://www.ab.auone-net.jp/˜neitoun/
E-mail：neitoun@d1.dion.ne.jp

箕輪直子　Naoko Minowa

■あなたにとって裂織とは？
草木染や手織り、四半世紀続けてきたことの表現方法の一つと考えています。リサイクルであることに対してすごいこだわりがあるわけではありませんが、こんなものを作りたいと思ったとき裂けた布をヨコ糸に使っていることが多いといった感じです。木綿の布のすがすがしさ、絹の布の柔らかさ、フリースなど化繊素材の暖かさ、目的に応じて使い分けています。

■略歴
共立女子大学家政学部生活美術学科染織専攻卒業。東京都出身・在住。染織家

（財）日本余暇文化振興会楽習フォーラム　リビングアート手織倶楽部会長。同「草花のキッチン染め講座」監修。手織りや草木染めの楽しさや技法をわかりやすく、親しみやすく紹介することをモットーに幅広く活動している。2011年品川区五反田に「手織り・草木染めStudio A Week」をオープン。著書に『草木染め大全』『手織り大全』『草木染レッスン』（誠文堂新光社）『おうちで草木染め』（パッチワーク通信社）ほか多数。

■問い合わせ先
Studio A Week
〒141-0031　東京都品川区西五反田6-24-15　Y.BLDG
TEL.03-6417-0510
http://www.minowanaoko.com/

岡嶋多紀　Taki Okajima

■あなたにとって裂織とは？
素材を尊敬する心から生まれた美しい織物。忘れてはならない物作り原点。知恵と心を学ぶ教材。

■略歴
木綿と和紙
二つの素材は、捨てられない材料です。先人は知恵とわざの限りを尽くし糸を作り、あらたな形と美しさを求め創り上げた織物です。木綿布で織ったものが―裂織　和紙で織ったものが―紙布。「小豆三粒包めるほどの布は捨ててはいけない」日本の和紙は4年の命を宿すとたたえられた。この2つ素材は日本の文化を築きあげてきた捨てられない素材です。

大阪府出身。桑沢デザイン研究所卒業後、服飾デザイナーに。1989年、夫とともに立ちあげたアパレルメーカーを退職。以後、初めての作品展を開催。92年「たき織」を始める。同年、初の作品展「たき織」を開催。「たき織」の製法、名称を特許庁に登録。99年パリで作品展を開催。2001年東京と佐賀において作品展「たき織佐渡を歩く」等を開催。95年東京手工芸連合会金賞、96年東京手工芸連合会読売新聞社賞受賞。97年「アート未来」公募展にてアート未来準大賞受賞ほか、受賞歴多数。演劇の美術、衣装担当や小学校での課外授業、原稿執筆、講演など多彩な活動を行う。

■問い合わせ先
〒156-0042　東京都世田谷区羽根木1-8-1-203
TEL&FAX.03-3323-6311

飯塚清子　Kiyoko Iizuka

■あなたにとって裂織とは？
リズム（向上心、癒し）、絆

■略歴
1943年静岡県生まれ。92年大分県「かづら工房」野村徹氏、野村典子氏に基礎指導を受ける。その後は独学。96年柄裂織を考案。97年知的所

有権（著作権）登録取得。98年日本手芸文化協会入賞。自宅にて「楽しむ会」を開く。2002年東京アートセンター若松美佐子氏に師事。08、11年伊豆高原アートフェスティバル参加。

■問い合わせ先
楽しむ会
〒168-0072　東京都杉並区高井戸東4-19-26
TEL&FAX.03-3333-5494

松永治子　Haruko Matsunaga

■あなたにとって裂織とは？
裂き織りは　模様の美しい　新しい布を布糸にしても美しい布が織り上がるわけではないようです。おもってもみなかったような布が　美しい布になったりします。ボロボロの布が　素敵な風合いをかもし出して　堂々と輝きます。それをみる事が出来るのは楽しみなものです。

■略歴
女子美術短期大学造形科卒業、柳悦孝染織研究所で4年間助手を務めた後ニューヨークで数年間制作活動。帰国後、女子美術大学で20数年間アパレル素材のデザイン、制作を指導。現在「Warp&Weft Textile Design Studio」を主宰し、染織を教えている。コープとうきょう生活講座では、「楽しい手織り教室」のクラスを受け持つ。

2003年3月雑誌『ミセス』3月号〈特集古布再生〉作品掲載、3月ミセスのスタイルブック春号　クラフト講座。05年1月リビングデザインセンターOZONE　サスティナブルデザイン展作品依頼展示、7月『手仕事の道具と暮らしたい』（学習研究社）作品掲載。06年11月NHK『おしゃれ工房』出演。07年8月別冊NHK『おしゃれ工房』掲載　―箱やダンボールで裂き織を織る―。08年1月『キルトジャパン』（ヴォーグ社）作品掲載、7月NHK『おしゃれ工房』出演、12月GALLERY2104作品展。09年6月『裂織りと裂き編み』出版（松永治子／松永希和子共著・文化出版局）。10年3月松永希和子NHK『おしゃれ工房』出演。11年5月『すてきなハンドメイド5月号』（NHK出版）裂き織りのバッグ　テキスト掲載。

■問い合わせ先
Warp&Weft Textile Design Studio
〒177-0033　東京都練馬区高野台5-9-13
TEL&FAX.03-3904-4304
http://www.haruko-matsunaga.com
E-mail：haruko8971@aol.com

小林美恵子　Mieko Kobayashi

■あなたにとって裂織とは？
そのままでは捨てられてしまっていたかもしれない布。昔人、身にまといた古布を、お命吹けよと、裂いて、また織る。

■略歴
1970年東京服飾アカデミー卒業。2000年横浜市港北区に"美幸工房"開設。04年全国裂織研究会（現全国裂織協会）入会、第2回全国裂織展審査員賞受賞。05年9月個展（東京自由が丘古桑庵）、美幸工房にて裂織教室、リメイク教室開室。06年全国裂織展入選、10月個展（美幸工房）。07年全国裂織展入選。08年3月個展（銀座A.Cギャラリー）。09年10月個展（横浜山手ギャラリーアスレ）。10年個展（横浜山手ギャラリーアスレ）。11年裂織の今研究会入会、7月個展（カナダバンクーバー日系センター）。

■問い合わせ先
美幸工房
〒222-0011　神奈川県横浜市港北区菊名6-13-53　プラザコーシン1FE
TEL&FAX.045-435-3823

門田杏子　Kyoko Kadota

■あなたにとって裂織とは？
必然、偶然、発見、驚き、それは情熱、忍耐そして執念から。

■略歴
兵庫県生まれ。1999年個展「裂織によるジーンズラグ―Part1」開催。2000年日本クラフト展優秀賞（ジーンズ裂織の草履）。01年見えない箱からの鋭い叫び展出品。02年第1回全国裂織展審査員賞。04年個展ジーンズ裂織に魅せられて開催。05年ホテルパークハイアット・ソウルのための敷物制作。06年NYで開催の型を変えられる造形展にジーンズ裂織のチェスセットを出品。07年ギャラリーサカ（東京・赤坂）にて個展開催。10

年裂織の今展（千疋屋ギャラリー）出品。小さなギャラリー庵（茨城・下館）にて個展開催。

■問い合わせ先
〒225-0002　神奈川県横浜市青葉区美しが丘4-52-42
E-mail：kyokadota@h06.itscom.net

小林純子　Junko Kobayashi

■あなたにとって裂織とは？
「裂織の領域」という題名の、1995年の初個展以来、自分の好きな裂織布を探し続けてきた気がします。

■略歴
1981年女子美術短期大学造形科卒業。89年〜企画展、グループ展等に参加。95、97、00、02年個展『裂織の領域Ⅰ〜Ⅳ』（千疋屋ギャラリー）。96年朝日現代クラフト展奨励賞受賞。99年日本民藝館展日本民藝協会賞受賞。2001年空間の中のファイバーアート出展（JIAアーキテクツ・ミュージアム）。01〜11年個展（ミュゼ南洲、ギャラリー招山、銀座煉瓦画廊等）。08年国展工芸部門入選、スウェーデン織物見本市VAV08出展。09年染・織・繍　それぞれのカタチ展（織成館）。11年裂織の今展（千疋屋ギャラリー）。

■問い合わせ先
TEL&FAX.0467-32-7848
E-mail：jkobayashi090@gmail.com

田村陽子　Yoko Tamura

■あなたにとって裂織とは？
出逢いの妙味。奏でるハーモニー。

■略歴
東京都に生まれる。文化学院文学部卒業。「八丈島織物研究所」主宰中山トヨ氏に織りを、草木染研究家山崎青樹氏に染めの手ほどきを受ける。以後独学にて学ぶ。「日本染織作家展」入選・佳作賞受賞。「アート&ザビニヤード」（アメリカオレゴン州）ジャパンパビリオンに招待出品。「亜細亜現代美術展」入選、「国展」奨励賞受賞。各地にて個展グループ展開催。「染・織工房たむら」主宰。

■問い合わせ先
染・織工房たむら
〒250-0215　神奈川県小田原市千代106-1
TEL&FAX.0465-42-5576
http://sakiori-tamura.com
E-mail：sogano-orihime@tbz.t-com.ne.jp

坂本和子　Kazuko Sakamoto

■あなたにとって裂織とは？
古い着物地の宝庫です。織られた布の表面に微妙な凹凸ができて光と影がさらに表情を豊かにしてくれます。

■略歴
1967年武蔵野美術短期大学油絵科卒業。その後3年間、美術教師を経験。91年八王子中山工房で、伝統的手織りの基本を学ぶ。95〜03年裂織個展を6回開催（生活工房あかね）。00〜02年裂織個展を2回開催（岬のギャラリー歩らり）。04〜07年第2回、第3回、第4回全国裂織展入選。07年自宅にてオープンアトリエを開催。09年第5回雪のデザイン賞にタペストリー「霧氷」が入選。10年裂織アート&クラフト展出品（目黒区美術館区民ギャラリー）。11年個展（東京エレクトロン韮崎文化ホール）。

■問い合わせ先
〒407-0175　山梨県韮崎市穂坂町宮久保4021-1
TEL.080-5413-2468　FAX.0551-23-3958
http://orimu.sakura.ne.jp/
E-mail：orimu@y5.dion.ne.jp

野中ひろみ　Hiromi Nonaka

■あなたにとって裂織とは？
素材が命の裂織、古くからある形態で、どこまで自己表現ができるか、それを追求してゆく楽しさ、おもしろさが私の明日へとつながる。

西本和枝　Kazue Nishimoto

■あなたにとって裂織とは？
布のもつ温もりを生かした物づくりの一つの手段であり、未知への可能性を求められる工芸である。

■略歴
1950年新潟県佐渡市に生まれる。66年裂織を始める。2005年全国裂織展美術工芸部門佳賞受賞。05〜07年佐渡市美術展無監査証3年連続受賞。06年全国裂織展裂織作品部門審査員賞受賞。09年新潟県美術家連盟美術工芸部門連盟員賞受賞。11年新潟県美術家連盟工芸部門奨励賞受賞、新潟県美術家連盟工芸部門県知事賞受賞、新潟県美術家連盟会員、現代工芸新潟会会員、裂織の今研究会会員。

■問い合わせ先
染織工房ローズウッド
〒952-1505　新潟県佐渡市相川坂下町58
TEL.0259-74-2575　FAX.0259-74-4555

野村順子　Junko Nomura

■あなたにとって裂織とは？
工房でのうつろう季節の流れと、自然がはなつ光に触れて創作へと向かう。ささやかな応答として。

■略歴
富山県生まれ。デコレーターとしてディスプレイに従事。1994年織を習う。2001年富山市内マイルストーンアートワークスにて二人展開催。02年第1回全国裂織展にて優秀賞受賞。03年第2回全国裂織展にて審査員賞受賞。マイルストーンアートワークスにて毎年裂織個展を開催。

■問い合わせ先
手織舎
〒936-0823　富山県滑川市東福寺野433-1
TEL&FAX.076-474-1488
http://www.teori-ya.net/

小林サダ　Sada Kobayashi

■あなたにとって裂織とは？
私のライフワークです。毎日の生きざまに安らぎを与えてくれるものです。命のある限り織り続けたいと思っています。

■略歴
1928年岐阜県中津川市に生まれる。49年岐阜県の小学校の教員として勤務し、84年退職する。84年織り物を趣味として現在に至る。2002年9月第1回全国裂織展にて「石垣田んぼの風景」で大賞受賞。05年8月第3回全国裂織展にて「白川郷」で佳賞を受賞。10年裂織の今展に「妙義山」出品（千疋屋ギャラリー）。

■問い合わせ先
奥山足工房&河童工房
〒509-7205　岐阜県恵那市長島町中野379-21
TEL&FAX.0573-25-5441
E-mail：sada030709@softbank.ne.jp

上羽陽子　Yoko Ueba

■あなたにとって裂織とは？
心と身体の均衡を保つために不可欠なもの。

■略歴
1974年名古屋市生まれ。97年大阪芸術大学芸術学部工芸学科染織コース卒業。99年大阪芸術大学大学院芸術文化研究科博士課程前期修了・修士（芸術文化学）。2002年大阪芸術大学大学院芸術文化研究科博士課程後期修了・博士（芸術文化学）。06年個展「上羽陽子展」ギャラリーマロニエ（京都）。07年個展「上羽陽子展」ギャラリーマロニエ（京都）。09年個展「上羽陽子展」ギャラリーマロニエ（京都）。10年「裂織の今」展（企画展）千疋屋ギャラリー（東京）。11年個展「上羽陽子展」ギャラリーマロニエ（京都）。

平澤朋子　Tomoko Hirasawa

■あなたにとって裂織とは？
幸せな偶然

■略歴
京都・神戸・仙台で育ち、現在は神戸市在住。2003年頃から独学で裂織を始め、04年第2回全国裂織展の入選をきっかけに本格的な創作活動を開始。布の毛羽や帯の裏地を大胆に活かす「だいなみっく裂織」を編み出し、バッグを中心としたデザイン性の高い裂織アイテムを提案する。

■問合せ先
だいなみっく裂織　平澤朋子
http://web.mac.com/sakiori/
E-mail：sakiorishop@me.com

公文知洋子　Chiyoko Kumon

■あなたにとって裂織とは？
不用となった布を美しく再生する楽しさ　糸では表現できない色合いや暖かい風合いの魅力　古布という限られた中での表現の可能性を探るおもしろさ

■略歴
藍染め古布との出会いを機に以来、四半世紀にわたり軽快で透明感のある現代の裂織リアート「裂・Fabric Art」の発表を続ける。

2003年『公文知洋子裂織の世界　裂・Fabric Art』（染織と生活社）を出版。11年兵庫県朝来市の美術館にて、初期から今日まで約30年間の作品を一ヶ月間展示。12年1月より二ヶ月間、SanDiego(USA)にて4人展を開催。12年9月Bern（SWITZERLAND）にて5人展の予定。朝日現代クラフト展グランプリ、日本クラフト展テーマ部門賞他受賞。新制作展、京都工芸ビエンナーレ、日本新工芸展他多数入選。

■問い合わせ先
http://chiyokokumon.com

林塔子　Toko Hayashi

■あなたにとって裂織とは？
布は自然を思わせる質感であり、古い素材には経てきた時間が現れる。それを織るという行為は時間の集積、細胞の密度とも感じる。

■略歴
92年朝日現代クラフト展（93年、02年、05年、06年）。94年成安造形短期大学専攻科染織専攻修了、京都工芸ビエンナーレ。95年京都（97年あかね賞、05年、07年）。96年成安造形大学研究生修了、個展（ギャラリーマロニエ・京都）。97年京都美術工芸展。03年、06年個展（ギャラリーマロニエ・京都／ワコール銀座アートスペース・東京）。05年〜成安造形大学非常勤講師、伊丹工芸センター講座。04年全国裂織展（準大賞、07年）京都美術工芸新鋭選抜展（京都府買い上げ、07年）、第8回国際ミニテキスタイルトリエンナーレ（フランス・アンジェ、09年買い上げ）、二人展〜 textile and ceramic（ギャラリーギャラリーEX・京都）、けいはんな造形芸術祭「まちのかたち展」。06年Valcellina Award 2005 International Textile Art Competition（イタリア）、西宮市芸術文化協会。07年明日を担う西宮の作家展。08年京都工芸ビエンナーレ（招待部門、10年読売新聞社賞）、「わざゼミ展」〜わざゼミ2007年参加者による（京都芸術センター）。09年西宮造形作家会議2009「西宮のかたち展」、Ori・rhythm「タペストリー作家によるグループ展」（室町アートコート・京都）。10年「裂織の今」展（千疋屋ギャラリー・東京）、個展（ギャラリーギャラリー・

京都)、嵯峨芸術大学非常勤講師。11年韓日繊維芸術交流展日豪現代作家達の交流 "Re：a prefix" 回顧展／清州国際工芸ビエンナーレ（韓国）。

■問い合わせ先
兵庫県川西市
E-mail：tower@jttk.zaq.ne.jp

中原由美子　Yumiko Nakahara

■あなたにとって裂織とは？
裂織は沢山の可能性を秘めています。インスピレーション、アドリブ、自分らしさを大切にものづくりしています。

■略歴
1983年工房かすり村設立。85年川島テキスタイルスクールで織を学ぶ。個展、グループ展で作品発表。99年「日本の美しい手仕事展」（イタリア・ミラノ）。2002年第1回全国裂織展入選。

■問い合わせ先
工房かすり村
〒631-0031　奈良県敷島町2-543
TEL&FAX.0742-45-0690
http://www.tessuto.jp
E-mail：info@tessuto.jp

松居富子　Tomiko Matsui

■あなたにとって裂織とは？
私の生きがい！　新しい出会い（みなさまの作品、糸布等）によってすばらしい発見があります。生活に合わせてフルに応用できるものを制作することに思っています。

■略歴
1934年和歌山県和歌山市に生まれる。62年大阪伊東衣服研究所研究科卒（現伊東裁専門学校）。89年～クラフトハウスT.m「手織り布と古布の組み合わせで洋服をつくる」2年に1回の作品展。2002年9月第1回全国裂織展入選。04年2月第2回全国裂織展入選。05年8月第3回全国裂織展入賞（軽やかなツーピース）。07年8月第4回全国裂織展入選。10年12月裂織の今展出品。11年9月第5回全国裂織展入選、11月裂織の今展出品。全国裂織協会会員、裂織の今研究会会員。

■問合せ先
クラフトハウスT.m
〒641-0052　和歌山市東高松2-9-10
TEL&FAX.073-423-8789
E-mail：tm_handwoven@cocoa.plala.or.jp

米田ハル　Haru Yoneda

■あなたにとって裂織とは？
着装することを目標に布を創っている。古布から新しい素材が甦ればこの上ないよろこびと幸せを感じる。

■略歴
1938年満州生まれ。2002年全国裂織展入選（04年、05年）。06年全国裂織フェア2006において「ワークショップ裂織布の裁ち方縫い方」を担当。同年門真市エコパークにおいて「織りを楽しむ」を講演。「さがり山口」会員。宇部文化服装学院校長。

■問合せ先
宇部文化服装学院
〒755-0006　山口県宇部市岬町3-15-9
TEL&FAX.：0836-32-8895
http://www6.ocn.ne.jp/~ubfg/
E-mail：ubfg@alto.ocn.ne.jp

いわもとあきこ　Akiko Iwamoto

■あなたにとって裂織とは？
「どうしても裂織」というよりも、「たまたま裂織」という感じ。自由に軽やかに向き合いたいのです。

■略歴
1976年香川県高松市生まれ。2000～01年島根県「シルク染め織り館」

にて絹糸での染織を学ぶ。05年裂き織りの制作、発表をはじめる。現在香川県高松市在住。全国各地にて、個展、企画展などを中心に活動しています。

■問い合わせ先
岩本明子製作室
香川県高松市
「さきおり　さささ」http://sakiori-sasasa.petit.cc/
E-mail：acco-172@mxi.netwave.or.jp

深川芳子　Yoshiko Fukagawa

■あなたにとって裂織とは？
糸と布の芸術

■略歴
1980年日本の伝統工芸に興味を持ち、工芸の店 "ぎゃらりい伊万里" を始める。この頃から着物布等を使った創作服を展開。日本の伝統的生地や模様等を使い、現代に通用する着心地が良く、生活に溶け込む服や小物を多数作り続けている。日本の伝統素材、絣、藍染、麻、小千谷縮等やアジアの手工芸材を使い現代風にアレンジした創作スタイルを基本とし、近年はシルク裂き織りや蝋纈染の生地「バティック」の生産開発にも力を入れている。20数年に渡り、主要百貨店にて個展を開催。全国のデパートにて「日本の伝統工芸展」「匠の技展」「職人の技展」に出展。2001年文化出版局より代表著書『着物地の魅力を着る』発刊。08年熊本伝統工芸館にて「更紗展」（同11年）。2012年1月熊本島田美術館、6月博多アジア美術館にて個展開催予定。

■問い合わせ先
株式会社いまり
〒861-0811　熊本県本荘6-12-18
TEL.096-363-3204　FAX.096-363-3206
http://www.imari.asia

浅井しおり　Shiori Asai

■あなたにとって裂織とは？
裂糸は私にとって絵の具のようなものです。裂糸の色の力を借りて表現した作品に偶然の美を見出した時の喜びが次の作品へと繋がります。

■略歴
1999年20年近く服飾デザイナーとして、内外の民芸布で洋服を制作、発表していたが、主に使用していた「土佐紬」の残り布を使って織りをやってみたいと思い、独学で裂織を始め現在に至る。2005年、長年使ってきた「土佐紬」が織元の廃業により消えていく布になってしまったのをきっかけに、「失われゆくものへ」と題したタペストリーを毎年制作している。

1999、00、01、03、04、06、07年個展（ARCみやざき）。02、04、05、07年全国裂織展入選。03、06、07、10、11年くらしの工芸展入選。04年くらしの工芸展奨励賞。05、08年個展（熊本伝統工芸館）。08年日本の裂織展（日仏文化センター）。09年裂織展 PARIS-TOKYO（千疋屋ギャラリー）。10年裂織の今展（千疋屋ギャラリー）、裂織アート&クラフト展（目黒美術館区民ギャラリー）。

■問い合わせ先
熊本県八代市

高木康子　Yasuko Takagi

■あなたにとって裂織とは？
力強さ、自由さ、エコロジー。全てがある。

■略歴
1982年大阪写真専門学校卒業。89年滴翠美術館付属陶芸研究所卒業。インド・ネパールを旅する。90年現代裂織協会で「さをり」織を学ぶ。奈良の川口由一氏に自然農を学ぶ。91年京都の吉岡ようこ氏に染色と糸つむぎを学ぶ。92年大分県清川村（当時）に移住。93年トキハ百貨店アート展に出品。2005年大分県竹田市にアトリエを開く。松本クラフトフェアに出品。07年第4回全国裂織展で奨励賞受賞。

■問合せ先
手織り工房ぱたんこ屋
〒878-0571　大分県竹田市次倉2578
TEL&FAX.0974-67-2900
http://patancoya.com

裂織3Gプロジェクト　SAKIORI 3G PROJECT

■あなたにとって裂織とは？
暮らしの中で楽しむ美（実用性・精神・伝承）

■活動歴
発足36年の南部裂織保存会と協働するプロジェクト。3Gは3つのジェネレーション——保存会で織りを伝承する60代、プロのデザイナー、ハンドメイド作家からなる40代、20代の美大生の異なった世代が、伝統工芸に"アートなスパイス"をとり入れ作品を発表していこうという企画です。（十和田市現代美術館内ショップにて作品を販売中）

■問い合わせ先
南部裂織保存会
〒034-0051　青森県十和田市大字伝法寺字平窪37-21
道の駅とわだぴあ内
TEL&FAX.0176-20-8700
http://d.hatena.ne.jp/sakiori3g（sakiori3Gブログ）
E-mail：yoko@yokomotion.com（代表者アドレス）

手織工房与喜舎　TEORIKOBO YOKISHA

及川恵美子　Emiko Oikawa

■あなたにとって裂織とは？
さをり織りと出会ってから糸と布のコラボを楽しんで居りましたが、今回の震災で被災し、泥にまみれた着物や大漁旗を見た時に、捨てたくないという思いと、再生の方法として裂織がありました。そして心の復活も、私の愛する裂織で出来ると確信しています。

■略歴
1994年織りを始める。98年さをり・リーダース・コミティ（講座資格）認定をうける。2003年仙台さくら野ギャラリーにて陶芸作家とジョイント展。06年手織工房与喜舎オープン（以後年一度作品展を主催）。07年石巻文化協会入会（以後毎年文化祭に参加）。

■問い合わせ先
手織工房与喜舎
〒986-0025　宮城県石巻市湊町3-4-5

間人　Manito

■あなたにとって裂織とは？
人間が生きる上で基礎となる「衣食住」その一つである衣の世界を循環させるカギ。

■略歴
2009年日本をテーマにBrand OMUSUBiを立ち上げる。より日本に近づく為に京都に移住。11年3月11日東北地方太平洋沖大地震が起きた事で宮城県石巻市でボランティア活動を始める。現在ものづくり班として活動中。津波の被害を受けた大漁旗を船主さん達から頂いて、帽子、バッグ、アロハシャツなどにする再生プロジェクトを始動。大漁旗の中には泥やカビなどが目立つものも多く裂き織りにする事で蘇りました。2012年3月11日大漁旗ブランドリリース予定。

■問い合わせ先
〒986-2123　宮城県石巻市伊勢町1-49（OMUSUBi）
TEL.080-6536-1300
<OMUSUBi>http://wasshoy-style.jp
E-mail：t2.tanaka.rabotamochi@gmail.com

手織り工房のろぼっけ　TEORIKOBO NOROBOKKE

■活動歴
のろぼっけは「だれもがいきいきと生きることのできる社会づくり」を理念として1993年に「さをりひろば栃木」という名称でスタートしました。障がいの有無にとらわれることなくだれもが生きがいをもって地域で生きる手段として、大阪発祥の楽しさを先人が考案した「さをり織り」を実践するためにアパートの一室に織り機3台を並べたのがはじまりです。97年にはボランティアグループさをりinとちぎによるとっておきの芸術祭in大谷を開催。全国各地から集まった色とりどりの織布が地下室を美しく彩りました。やがて「手織り工房のろぼっけ」と改名、教室スペースを拡張してギャラリースペースも完備。手織りを愛する人々の「喜びをつむぐ」拠点となっています。

鈴木利子　Toshiko Suzuki

■あなたにとって裂織とは？
かたちを変えて生かせるもの。

■略歴
2003年第2回全国裂織募展審査員賞受賞。04年第59回新匠工芸会東京公募展入選、第3回全国裂織展入選。07年第4回全国裂織展入選。09年読売新聞「モノを大切にする心〜再生デザイン大賞」大賞受賞。

斉藤正子　Nobuko Saito

■あなたにとって裂織とは？
私にも出来たという大きな自信です。

■略歴
2001年織りを始める。02年〜11年手織り工房のろぼっけ教室展出展。11年第5回全国裂織展出展。

高橋孝聡　Takaaki Takahashi

■あなたにとって裂織とは？
部屋中に裂き布をひろげてそこから選んで織っています。大すきです。

■略歴
08年地球屋創作服コンテスト出品（草津）。09年HEART AID出品（元麻布）。第63回栃木県芸術祭美術展工芸部門入選。10年「ここからはじまる」出品（元麻布）。第64回栃木県芸術祭美術展工芸部門入選。裂織アート&クラフト展2010出品（目黒）。11年第65回栃木県芸術祭美術展工芸部門入選。

高橋未来　Miki Takahashi

■あなたにとって裂織とは？
色々な布を組合せていると楽しくなります。

■略歴
2008年地球屋創作服コンテスト出品（草津）。09年裂き織りフェスタ出品（浅草）。10年「ここからはじまる」出品（元麻布）。秋から冬ののろぼっけ手織り展出品（宇都宮）。裂織アート&クラフト展2010出品（目黒）。11年第65回栃木県芸術祭美術展工芸部門入選。

小野原由行　Yoshiyuki Onohara

■あなたにとって裂織とは？
裂織だいすきです。

■略歴
2008年地球屋創作服コンテスト出品（草津）。09年裂き織りフェスタ出品（浅草）。10年「ここからはじまる」出品（元麻布）。とちぎから☆ほし　マロニエの森の住人たち出品（那珂川町）。裂織アート&クラフト展2010出品（目黒）。

■問い合わせ先
手織り工房のろぼっけ
〒321-0204　栃木県下都賀郡壬生町緑町1-14-14
TEL&FAX.0282-86-7289

グループさ・き・お・り
GROUP SA・KI・O・RI

■活動の目的
裂織の伝統継承と未来指向の裂織文化の普及を目指し、会員と各地の裂織人・参観者との交流の場を目指す。裂織の歴史を辿り、古来で継承されてきた裂織の原点を再確認するとともに、布両の再利用から脱出し、エコ、デザイン、オリジナル性などの追求に努め、未来を拓く裂織を指向する機会として作品展を実施する。

■活動歴
2008年パリ日仏文化センターエスパス服部でのグループ展。09年千疋屋ギャラリーでの"PARIS-TOKYO"を機に、さ・き・お・りグループの活動を開始する。10年風薫る魚沼さ・き・お・り展（目黒区郷資料館）。11年西の京山口さ・き・お・り展（山口市菜香亭）、裂織展さ・き・お・り展（千疋屋ギャラリー）。2012年古雅津軽さ・き・お・り展予定（百石町展示館）。

※会員の野口和子、目黒和子、田中アイ、三上ムツ、米田ハルは、
　別頁プロフィールを参照下さい。

光永智子　Satoko Mitsunaga

■ あなたにとって裂織とは?
出会い　感動　喜び

■ 略歴
第3回、第4回全国裂織展出品。山口市にて仲間展 (染リフォーム織)、佐賀市にて個展。2011年山口市菜香亭にて西の京さ・き・お・り展、秋彩東京さ・き・お・り展 (千疋屋ギャラリー)。

藤井洋子　Yoko Fujii

■ あなたにとって裂織とは?
「織」は私の宝です。この裂織に出会えたことを私は幸せに思っています。これからも、続けて頑張りたいと思います。

■ 略歴
第2回、第4回、第5回全国裂織展出品。1999年より防府にて仲間展 (染織器)。2011年山口市菜香亭にて西の京さ・き・お・り展、秋彩東京さ・き・お・り展 (千疋屋ギャラリー)。

猪坂玲子　Reiko Isaka

■ あなたにとって裂織とは?
裂織は「ときめく出会い」で織る楽しさ、作るよろこび、用いるやさしさに通じ、暮らしの中の大切な語らいです。

■ 略歴
1998年以後織工房いさか工房展開催、第5回全国裂織展出品。2011年秋彩東京さ・き・お・り展 (千疋屋ギャラリー)。

■ 問合せ先
グループさ・き・お・り (代表 野口和子)
〒302-0034　茨城県取手市戸頭2-50-9
TEL&FAX.0297-78-5727

手織工房じょうた　TEORIKOBO JOTA

城達也　Tatsuya Jo

■ あなたにとって裂織とは?
裂織と糸を使う手織りに違いを感じていません。あくまで質感のある素材と捉えています。

■ 略歴
1975年生まれ。98年さをり織りの創始者でもある祖母の影響を受け、社会人になった頃にさをり織りを本格的に始める。さまざまな織りのグループ展や、デザインフェスタなどに出展。2002年2人展「切ったら血が出る展」(ギャラリエM)を開催。04〜09年神戸のHDCにて3人展を開催。05年デザインフェスタギャラリーにて、3人展を開催。06年さをり織りグループのデザインフェスタギャラリー全館貸切にて、さをり織り作品展「非常識の再現」をプロデュースする。07年第1回汐留クリエーターズ・コンペティションにてコミュニケーション賞受賞 (汐留シオサイト)。08年初の個展を開催。「色は匂へと」展 (サルビアの事務所内ギャラリー)、個展「to weave or not weave」展 (代官山ギャラリー its)。10年「まどみちおさんおめでとう。トリビュート展」にファブリックパネルで参加。11年ハンドメイドフェアinKOREAに参加、「色を織る展」参加 (麻布十番ギャラリー)、「吉祥寺　糸モノまつり」を発案・企画、個展「平面から立体にそして平面に　織りのパネル展」(A.K Labo)、「カシミアの柔らかさと感性の柔らかさと」カシミアマフラーの展示販売 (アウトバウンド)、「手織工房じょうたのスタッフ展」企画・参加 (にじ画廊)、「みんなの作品展」企画・参加 (手織工房じょうた)。また、07年に独立し、東京・吉祥寺に「手織工房じょうた」開設。現在、約80名のメンバーに対して日々、指導を行う。

酒寄剛史　Tsuyoshi Sakayori

■ あなたにとって裂織とは?
「使い続ける」というものに対する愛情。

■ 略歴
1983年生まれ。2010年4月さをり織りを始める。7月吉祥寺のコンセプトショップ「四月」にて不定期で作品取り扱い開始、手織工房じょうたのスタッフとなる。10月十条の古着屋「PEG」にて作品取り扱い開始。11年ファッションブランド「STOF」春夏コレクション―あの小説の中で集まろう一生地提供で参加、「色を織る展」参加 (麻布十番ギャラリー)、「手織工房じょうた

のスタッフ展」企画・参加 (にじ画廊)、鬼子母神の手創り市などに出店を始める。「みんなの作品展」を企画・参加 (手織工房じょうた)、個展「呼吸」(yagate)。現在は同上ブランドの11年秋冬コレクションに向けて活動継続中。

■ 問い合わせ先
手織工房じょうた
〒180-0004　東京都武蔵野市吉祥寺本町4-16-12
TEL&FAX.0422-27-2595
http://www.jota28.com
E-mail : info@jota28.com

裂き織り工房さっこり　SAKIORIKOBO SAKKORI

■ 活動暦
2004年度より毎年10月第3金、土、日曜日に、鈴鹿イオンモールベルシティに於て、チャリティー裂き織り作品展を開催。売り上げの一部を、新潟上越大地震のお見舞いを始め、鈴鹿市の社会福祉協議会等への寄付を続けております。(P.118集合写真上段左より:伊藤、渡辺、南条、萩、出口、山下、子守、上原、写真下段左より:有竹、池本、野村、草川、木下)

野村さつ子　Satsuko Nomura

■ あなたにとって裂織とは?
人生を変えてくれたもの

■ 略歴
2000年趣味で裂き織りを始める。01年4月から教室を始める。04年10月第1回チャリティー裂き織り作品展示会開催。05年第3回全国裂織展入選。06年度より3年連続三重県美術展入選。07年三重県社会福祉協同募金会より感謝状を受ける、第4回全国裂織展入選。10年の今展出品。11年裂織の今展出品、鈴鹿市美術展鈴鹿商工会議所会頭賞を受賞。

■ 問い合わせ先
裂き織り工房さっこり
〒519-0321　三重県鈴鹿市深溝町3176
TEL.059-374-2630

Shop Information

手織り・草木染め
Studio A.Week

品川区
五反田に
OPEN！

主宰：箕輪直子

- 高機1dayレッスン…整経から織り上げまで。
- カード織り・卓上織機など各種講座開催
- 手織り・草木染め各種キット・染織関連書籍取り扱い。

 営業時間　月曜日～金曜日
11：00～18：00

Book Information

全国書店にて
好評
発売中!!

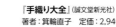

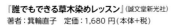

『誰でもできる草木染めレッスン』(誠文堂新光社)
著者：箕輪直子　定価：1,680 円(本体+税)

自然の恵みを色でうつしとる「草木染め」。染め
方の基本から道具、染料など、はじめての方にも
分かりやすく解説しています。

『手織り大全』(誠文堂新光社)
著者：箕輪直子　定価：2,940 円(本体+税)

高機、卓上機織りを含めたさまざまな織機の分類
により、100種を超える織り図・織り方の紹介を
掲載した手織りの決定版といえる技法書です。

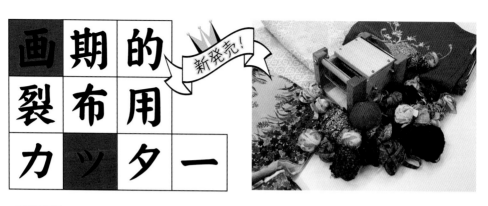

画期的 裂布用 カッター

新発売!

使い方 夢の5mmの細幅の裂き布が一度に16本ずつ作れる画期的カッターの登場です!

①「裂きたカッター」本体を安定した机等の台の上に乗せ、クランプで固定します。

②9cm幅に裂いた布を「裂きたカッター」本体にセットします。図のように横棒をくぐらせてクリップで先端を挟み込みます。

③カッターカートリッジを上から押し込んで、刃で布を突き破りながら完全にはめ込んで、セットします。

④布を真横に引っ張るだけで、16分割されます。反対の手で布にテンションを掛けながら裂き進めます。

⑤紬ぎの着物など厚い布でも、女性でもスイスイと楽に引き裂くことができます。どんなに長い布でも均等に裂けます。

⑥裂き終えたら、両端の布をそれぞれ1本おきにハサミで2cm程度切り込みを入れ、最後に布の端を切り落とします。

⑦16本に裂かれた布が1本の連続してつながった状態になっているので、端から順に巻いて玉巻きにします。

⑧標準は5mm幅ですが、4mm幅、8mm幅の替え刃カートリッジ（別売り：各3,500円）を使えば様々な幅の裂き布が作れます。

すべてのSAKIORISTへ

裂きたカッター 6,800円

【本体&カッターカートリッジ】
長さ：17cm
幅：14cm
高さ：11cm
重量：820g
※カッターカートリッジ5mm幅（15枚刃）が付いています。

【価格】
6,800円(税込)

【別売り替え刃カートリッジ】
細：4mm幅（18枚刃）
太：8mm幅（10枚刃）
各3,500円(税込)

裂織するなら手織機SAORI60です！
手織機SAORI60は、裂織もできる本格仕様の手織機です。日本や海外にも3万台以上の出荷実績があります。多くの手織り愛好家に支持されるその訳とは？

①届いたその日から織れます！

女性1人でもカンタンに

多くの海外メーカーの手織機は完全にバラバラの状態で梱包されてきて組立てに丸1日かかったりします。一方、SAORIは、ほぼ組み上がった状態でお手元に届き、初心者の方でも15分程度で使い始めることができるほど組立ては簡単です。手織りに必要な機部品・道具があらかじめ標準付属品としてセットされているので、ヨコ糸さえあれば、手織機が届いたその日からすぐに織り始めることができます。

②タテ糸張りがカンタンにできます！

一般的に、手織りの世界では、タテ糸を張る作業・整経が難関とされていて、多くの方が大変苦労しています。ところがSAORIは、少し練習すればどなたでも簡単に自由自在にタテ糸を張ることができます。それだけでなく、「タテ糸ローラー巻き」というあらかじめタテ糸の巻き取りまで完了しているタテ糸（最大300本×30m、綿or毛、4,400円）を各種ご用意していますので、初心者でも30分でタテ糸をセットすることができます。このSAORIオリジナルの「タテ糸ローラー巻き」は、大変便利で、しかも安価だと、欧米でも大好評です。

タテ糸ローラー巻き

③メイド・イン・ジャパン！

職人が1台1台手作業で

織物の産地として有名な大阪・泉州の工場・さをりの森で専門職人たちの手によって、1台1台丁寧に組み立てられています。本体部分は高級サクラ材を使用。また、綜絖・筬・ギア・ヒモ、その他部品はすべて工業品を使用しているので、とにかく頑丈で、ガタつきは全くありません。「一生モノ」と呼ぶのにふさわしい、バツグンの耐久性がロングセラーの秘密です。設計・開発から販売・講習までのすべての工程を一貫して行っているので、ご購入後のアフターサービスも万全です。

④使いやすい工夫がいっぱいです！

便利な糸巻きワインダー

裂織に欠かせないタテ糸を強く張るための布巻ローラーハンドル。座ったままタテ糸を調節できるタテ糸制御レバー。裂き布に撚りをかけるだけでなく、原毛を紡ぐこともできる糸巻きワインダー。その他にも、小物置き棚、舟形シャトル、ロクロからペダルヒモに至るまで、40年以上にわたるお客様の声を反映して、改良に改良を重ねた使いやすい工夫が随所に凝らされています。

⑤4枚綜絖に変更できます！

開口も十分で織りやすい

SAORIは、平織りの奥深さ・楽しさを最大限に引き出すために開発された手織機です。だからこそ、初心者からベテランまで、世界中の多くの手織り愛好家に選ばれています。でも、「ちょっと違う手織りもかじってみたい」方のために、後付けオプションで4枚綜絖の手織機に簡単に変更できる「4枚枠セット」をご用意しています。その他にも便利な道具、バリアフリー対応部品も多数取り揃えています。

裂織用本格派手織機

本気で裂き織りを始めたい方へ

新聞紙1枚分

手織機 SAORI60

【サイズ】
織幅：60cm
幅：69cm
奥行き：61cm
高さ：98cm
重量：15.7kg

【標準付属品】
筬（5羽/cm）×1枚
綜絖枠×2枚（ヘルド400本含む）
舟形シャトル（中）×1丁
ボビン×15本
糸巻きワインダー（一体型）×1台
タテ糸制御レバー×1式
筬通し板×1本
経通し棒×1本
織り付け棒（ヒモ付き）×2本
タテ糸ローラー巻き（綿・150本×6m）

【価格】
105,000円（送料・税込）

木製の折りたたみ式も新発売！

折りたたみ時25cm

手織機 SAORI-WX60

【サイズ】
織幅：60cm
幅：76cm
奥行き：76cm
高さ：98.5cm
重量：12.3kg

【標準付属品】
筬（5羽/cm）×1枚
綜絖枠×2枚（ヘルド400本含む）
舟形シャトル（中）×1丁
ボビン×15本
糸巻きワインダー（一体型）×1台
タテ糸制御ペダル×1式
筬通し板×1本
経通し棒×1本
織り付け棒（ヒモ付き）×2本
タテ糸ローラー巻き（綿・150本×6m）

【価格】
98,500円（送料・税込）

手織工房じょうた

さをり織りの創始者城みさをの孫、城達也が主催する手織教室。好きな時に好きなだけ自由に織ることができる。月会員のコース（1ヶ月12,000円。回数や時間は無制限）と4時間程でマフラーが織れる1日コース（1日3,500円＋材料費）とがある。糸や織機も購入可（ネットショップもあり）。東京吉祥寺徒歩12分。

手織工房

〒180-0004　東京都武蔵野市吉祥寺本町4-16-12
TEL&FAX.0422-27-2595

営業時間／10：00～21：00
　　　　　10：00～18：00（水、木、日曜）
定休日／月曜、第一日曜日、祝日
http://www.jota28.com

吉祥寺糸モノまつり
（毎年11月第4土曜日を挟む日程に開催）

吉祥寺糸モノまつりとは

糸モノとは、織り、編み、刺繍、紡ぎ、キルトなどの糸や布に関する手芸やアートのことです。東京の吉祥寺には糸モノに関わるお店がたくさんあります。このお店やギャラリーを会場に、糸モノの展示やワークショップを同時期に開催して、吉祥寺と言う街全体をギャラリーにしてしまおうというのが、「吉祥寺・糸モノまつり」です。

作品展などに来られる方は、吉祥寺という街を地図を片手にあちこちと見て回れるので、1度に色々な糸モノの展示やワークショップを見ることができます。
作家さんは、色々な方に自分の作品を見てもらえます。この期間は、お店やギャラリーに作品を展示してもらいやすくなります。

この糸モノまつり、誰でも参加できます。参加方法は、①自分で企画を考えてください。（会場、期間、内容など）。会場は吉祥寺エリアで、期間には必ず11月第4土曜日を入れてください）②その情報を「手織工房じょうた」まで教えてください。③後日、MAPを作り、お渡しします。

糸モノまつりに関してのお問い合わせや詳しい資料が欲しい方は、
糸モノまつり実行委員会（手織工房じょうた内）まで
TEL.0422-27-2595
E-mail: info@jota28.com

TOKYO ART CENTER
WEAVING SCHOOL SINCE 1975

織の基本から応用まで—
服飾品・インテリアからアート作品まで—
幅広く学べ、夢広がる手織教室です。

■ 2011年 夏のテキスタイル展〈東京銀座画廊・美術館〉

■ 卓上クラスの授業風景

■ 講師の出品作品（一部）

■ 見学・ご入会は随時お受けしております。
■ 詳しいパンフレットがございます。まずはお気軽にお問い合わせ下さい！

東京アートセンター

〒104-0061　東京都中央区銀座3-11-1 4F
TEL.03（3546）8880　FAX.03（3546）8881
http://www.artcenter.co.jp

〈東京メトロ〉
銀座線・丸ノ内線「銀座」A13・A12出口　徒歩7分
日比谷線「東銀座」3番出口　徒歩5分
〈都営地下鉄〉
浅草線「東銀座」A7・A8出口　徒歩3分
〈JR〉山手線・京浜東北線「有楽町」中央口　徒歩10分

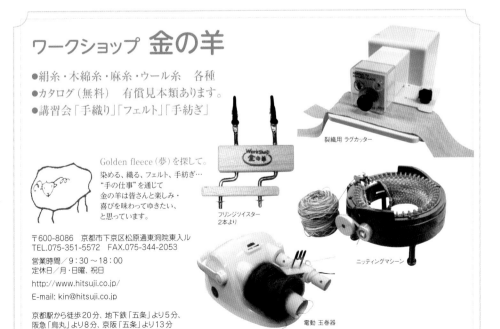

宇部文化服装学院

● 洋裁指導、服飾美学、デザイン画、
　服飾手芸、編物、織物

文化祭風景

洋裁技術を習得する学校です。近年手織がブームとなり、
タペストリー、テーブルセンター、のれん等製作しています。

上級クラスでは織った
布で洋服、帽子、袋物
等、多種にわたり、世
界で一品作品を目指し
ています。

文化祭風景

〒755-0066　山口県宇部市岬町3丁目15番9号
TEL.0836-32-8895　FAX.0836-32-8895

教室開催／9：30～15：00
定休日／日曜、祝日
http://www6.ocn.ne.jp/~ubfg/
E-mail: ubfg@alto.ocn.ne.jp

さをり山口展示

山口県洋裁技能士会にて

マリア書房HPからのお知らせ　News & Event

マリア書房刊行の新刊、おすすめ書籍のご案内や、ギャラリー展示、作家関連など
イベントに関する情報を配信致しております。
また、ツイッター（@maria_shobo）にて書籍販売情報や展示会の模様等を
いち早くお届けしております。

『GRAPHIC 裂織 SAKIORI』掲載作家の「展覧会情報」を
マリア書房HPにて公開! 生の作品をご覧頂けたり、
関連グッズ購入のまたとないチャンスです。
是非、皆様でご活用ください。

今後の展覧会情報の掲載内容

◎作家名（グループ名）、展覧会名、会期、場所（問い合わせ先等）
◎展覧会の会期中『GRAPHIC 裂織』の購入可能な場所のお知らせもあります。
◎2012年1月末現在の情報となります。
　会期、時間、場所に変更がある場合がございますので、
　各自で最終確認をお願い致します。
　あらかじめご了承下さいますよう、宜しくお願いします。

Access

http://www.mariashobo.jp/

裂織に出会えるお店
教室紹介

紬屋 (つむぎや)

〒005-0004
北海道札幌市南区澄川4条10-3-12
TEL & **FAX** 011-582-6976
URL http://www.tumugiya.net/
☎10:00～17:00
㊡ 日曜、月曜、祝日
取扱 教室、作品販売、材料販売

ギャラリー10みやはら

〒005-0801
北海道札幌市南区川沿1条4-16-1
TEL & **FAX** 011-571-6316
URL http://www.karanko.pro.nu/
教室 木曜、金曜、土曜 (各曜日1ヶ月3回)
　　　10:00～15:00
取扱 手織教室、手織材料、道具、受注手
　　　織作品企画製作

手織教室 atelier cinq
アトリエ・サンク

〒060-0063
北海道札幌市中央区南3条西6-10
TEL 080-3298-5188
URL http://www.atelier-cinq.com/
E-mail atelier.cinq@jcom.home.ne.jp
☎10:30～17:00
㊡ 水曜、日曜、祝日、金曜午前
取扱 店売 (材料・作品)、教室

迦楼羅

〒064-0806
北海道札幌市中央区南6条西24-2-12
TEL & **FAX** 011-562-3229
URL http://www2.odn.ne.jp/someori-karura
☎11:00～18:00
㊡ 月曜、火曜
取扱 店売、卸、製造 (タペストリー・ラン
　　　ナー・バッグなど)

テキスタイルスタジオ村上

〒030-0151
青森県高田朝日山809-256
TEL & **FAX** 017-739-7761
☎11:00～16:00
㊡ 不定
取扱 裂織教室及び裂織製品販売

さんさ裂き織り工房

〒020-0805
岩手県盛岡市東新庄1-23-30
TEL 019-681-9166
FAX 019-681-9165
URL http://www.sansasakiori.com
E-mail info@sansasakiori.com
☎10:00～17:00
㊡ 水曜、日曜、祝日
取扱 裂き織り照明・各種小物制作、販売
　　　(小売り可)

染めと織りの教室　亀山理恵子

〒981-0963
宮城県仙台市青葉区あけぼの町1-55
TEL 022-233-0360
URL http://r-kame.seesaa.net/
E-mail r-kame@mrj.biglobe.ne.jp
☎10:00～17:00
㊡ 不定期
取扱 店売、教室、オーダー、個展 (材料・
　　　道具・作品・手織り布・ショール・タ
　　　ペストリー・帯・手紡ぎ糸)

OMUSUBi

〒986-2123
宮城県石巻市伊勢町1-49
TEL 080-6536-1300
E-mail t2.tanaka.rabotamochi@gmail.com
取扱 商品販売

工房　和

〒302-0034
茨城県取手市戸頭2-50-9
TEL & **FAX** 0297-78-5727
取扱 染織教室 (段ボール織りも含む)

変糸

〒327-0031
栃木県佐野市田島町171
TEL 0283-22-1901
FAX 0283-22-7520
URL http://www.kawariito.com/
E-mail info@kawariito.com
☎9:00～18:00
㊡ 土曜、日曜、祝日
取扱 各種糸

日野山房染織教室

〒327-0231
栃木県佐野市飛駒町5857
TEL & **FAX** 0284-91-3456
URL http://www3.yomogi.or.jp/hino/myweb/
E-mail hino@yomogi.or.jp
☎10:00～16:00
教室 火曜、第1・3土曜

イサカ絹美堂

〒372-0026
群馬県伊勢崎市宮前町266-1
TEL 0270-25-0020
FAX 0270-25-0509
URL http://www.kenbido.com
E-mail isaka@kenbido.com
☎10:00～17:00
㊡ 日曜、祝日
取扱 糸 (絹・綿・麻)、染色、織工房、
　　　織機及び備品

自在染色工房にて少量ずつ染色。
オリジナル豊かな配色の糸、染。
40台の織工房。

Studio A Week (P.127)

〒141-0031
東京都品川区西五反田6-24-15
Y.BLDG (ワイドットビル) 1～2F
TEL 03-6417-0510
FAX 03-6417-0510
URL http://www.minowanaoko.com/
E-mail online@minowanaoko.com
☎10:00～17:00
取扱 教室、オンラインショップ (材料・道
　　　具・出版物、手織・草木染関連グッズ)

工房花染陶

〒350-1312
埼玉県狭山市堀兼2368-8
TEL & FAX 04-2956-0188
E-mail horigane@abox.so-net.ne.jp
営 10:00 ～ 17:00
休 日曜、祝日
取扱 草木染糸、原毛、教室 (手紡、手織、草木染)

さをりの森　所沢

〒359-1131
埼玉県所沢市久米602・3　KS所沢ビルB1F
TEL & FAX 04-2992-8520
URL http://www.saorinomori.com/tokorozawa.html
営 10:00 ～ 17:30
休 日曜・祝日
取扱 店売、オンラインショップ、卸、教室、製造 (材料・道具・作品・出版物)

株式会社シラカワ

〒103-0002
東京都中央区日本橋馬喰町1-13-11
TEL 03-3663-1702
FAX 03-3639-9300
URL http://www.k-shirakawa.com
E-mail 2ka@k-shirakawa.com
営 9:00 ～ 17:30
休 土曜、日曜、祝日
取扱 綿・麻・絹・ウール等の天然素材の織糸・編糸の販売

株式会社アートセンター (P.130)

〒104-0061
東京都中央区銀座 3-11-1
ニュー銀座ビル4F (ショップ)・5F～6F (教室)
TEL 03-3546-8880
FAX 03-3546-8881
URL http://www.artcenter.co.jp
E-mail info@artcenter.co.jp
営 10:00 ～ 19:00 (土曜は 17:30まで)
休 日曜
取扱 手織り教室、手織り・手編み用糸の販売、手織機・道具の販売、手織製品の販売

染織工房 neitoun

〒120-0034
東京都足立区千住 4-23-11
TEL & FAX 03-3882-3702
E-mail neitoun@d1.dion.ne.jp
営 11:00 ～ 17:00 (第1・第3日曜、水曜)
取扱 手織・手紡ぎ教室 (初心者から上級者)

さをりの森　池袋

〒171-8569
東京都豊島区南池袋 1-28-1
西武池袋本店本館7階 (南ゾーンB9)
TEL & FAX 03-5949-2531
URL http://www.saorinomori.com/ikebukuro.html
営 10:00 ～ 21：00
休 無し
取扱 店売、オンラインショップ、卸、教室、製造 (材料・道具・作品・出版物)

Warp&Weft
Textile Design Studio

〒177-0033
東京都練馬区高野台 5-9-13
TEL 03-3904-4304
URL http://haruko-matsunaga.com
E-mail haruko8971@aol.com
営 10:00 ～ 16:30
休 日曜 (不定)
取扱 テキスタイルデザイン制作と教室

手織工房じょうた (P.130)

〒180-0004
東京都武蔵野市吉祥寺本町 4-16-12
TEL & FAX 0422-27-2595
E-mail http://www.jota28.com
営 10:00 ～ 18:00 (水木日)
　 10:00 ～ 21:00 (火金土)
休 月曜、第1日曜、祝日
取扱 手織り教室、織機販売、糸販売

美幸工房

〒222-0011
神奈川県横浜市港北区菊名 6-13-53
プラザコーシン1FE
TEL & FAX 045-435-3823
営 10:00 ～ 18:00
休 水曜、日曜
取扱 裂織の商品 (コート・ジャケット・スカート・ショール等)、古布リメイク商品

"和布と裂織りの調べ" リメイク教室、裂き織り、仕立ての教室、リメイク作品、裂織の作品、多数あります。オーダーもお受け致します。

手紡ぎ手織り工房　浅井

〒251-0075
神奈川県藤沢市鵠沼海岸 2-11-4
TEL 070-6643-5683
FAX 045-731-3848
URL http://www.geocities.jp/teoriasai/
E-mail teoripecorino@yahoo.co.jp
取扱 藤沢の他、横浜市南区にも教室がございます

ポルト・ルージュ

〒401-0502
山梨県山中湖村平野 506-195
TEL & FAX 0555-62-6778
URL http://www003.upp.so-net.ne.jp/La-Porte-Rouge
営 11:30 ～ 17:00
休 火曜、水曜
取扱 手織り、裂織り、手織り教室

さをり織り長野教室

〒381-0043
長野市吉田 2-12-30
TEL 090-7946-5826
FAX 03-3644-1192
E-mail ktokiko-8p@nn.em-net.ne.jp
営 10:00 ～ 17:00
休 不定
取扱 さをり織り全般、体験レッスンから織布の仕立てまで。糸・機・作品の販売。

織音舎

〒391-0115
長野県諏訪郡原村八ヶ岳中央高原
もみの木荘南側
TEL & FAX 0266-75-3039 (店舗)
TEL & FAX 0266-75-3255 (工房)
URL http://www.lcv.ne.jp/~orionsha
E-mail orionsha@po30.lcv.ne.jp
営 10:00 ～ 17:00
休 火曜
取扱 店売、教室、ギャラリー、裂織体験

八ヶ岳山麓の森の中に工房と店舗があり、野中ひろみが裂織について責任を持ってご案内しております。

染織工房ローズウッド

〒952-1505
新潟県佐渡市相川坂下町58
〒950-0061
新潟県東区月見町6-10
TEL 0259-74-2575
FAX 0259-74-4555
営 10:30～16:30
休 不定
取扱 教室

海辺のログハウスの工房の中で自然と一体化して、織りを楽しむことができる教室です。

ユミコ・ミノーラの店
アトリエI/O（イオ）

〒502-0916
岐阜県西中島3-2-13
TEL 080-5105-3886
FAX 058-294-6373
URL http://earth-bank.com/frees/yumiko.html
E-mail yumin@earth-bank.com
営 10:00～18:00
休 月曜
取扱 手織り製品、フェルトマフラー・羊毛糸・麻糸・綿糸（手染め）・フェルト用羊毛・草木染ショール

モン・トリコ　岡崎工房

〒444-0015
愛知県岡崎市中町9-7-3
TEL 0564-22-8843
FAX 0564-22-8917
URL http://www.montricot.net
E-mail minobu@catvmics.ne.jp
営 9:30～16:00
教室 第2・4水曜、木曜、第4土曜、日曜（予備日は第1土曜、日曜）
取扱 店売、卸、教室（他、岡崎中日文化センター）、製造（材料・道具・作品・商品）

モン・トリコ　名古屋工房

〒467-0059
愛知県名古屋市端穂区軍小町3-54-1
TEL 052-833-5969
URL http://www.montricot.net
E-mail minobu@catvmics.ne.jp
営 9:30～16:00
教室 第1・3火曜、水曜、第3土曜、日曜（予備日は第1土曜、日曜）
取扱 店売、卸、教室、製造（材料・道具・作品・商品）

手織工房　楽布

〒464-0850
愛知県名古屋市千種区今池1-28-17
勝野ビル1F
TEL & FAX 052-741-3535
URL http://www4.ocn.ne.jp/~oribaba/
E-mail sachi.oribaba8@dream.ocn.ne.jp
営 10:00～18:00
休 日曜、祝日
取扱 手織教室、手織洋服・ショール・bag etc販売

草木染・手織工房　吾赤紅

〒525-0066
滋賀県草津市矢橋町665-9
TEL & FAX 077-567-3789
E-mail waremoko@mike.eonet.ne.jp
営 10:00～17:00
休 不定
取扱 草木染・紬織着物・紬帯・その他ショール・バッグ（裂織他）の制作。草木染・手織教室（月曜、金曜）、手紡ぎ教室開催

ワークショップ金の羊 (P.131)

〒600-8086
京都市下京区松原通東洞院東入本燈籠町17-1
TEL 075-351-5572
FAX 075-344-2053
URL http://www.hitsuji.co.jp
営 9:30～18:00
休 日曜、月曜、祝日
取扱 手織、フェルト、編物、染めの材料・道具・洋書

株式会社アヴリル

〒603-8035
京都市北区上賀茂朝露ヶ原町26
TEL 075-702-9406
FAX 075-702-9407
URL http://www.avril-kyoto.com
取扱 手芸糸

(有) 吉川商事　西陣の糸屋 (P.131)

〒603-8054
京都市北区上賀茂桜井町22-1
TEL 075-722-7155
FAX 075-722-7161
E-mail info@kinu.net
取扱 絹糸

クラフトハウス楽

〒545-0021
大阪市阿倍野区阪南町5-8-3
ロイヤルマツイ1F
TEL & FAX 06-6628-6567
E-mail raku@yo.rim.or.jp
営 10:30～18:00
休 日曜
取扱 手織り糸、手織り作品、手織り教室

さをりの森 (P.128-129)

〒594-1101
大阪府和泉市室堂町613-1
TEL 0725-57-7022
FAX 0725-57-7023
URL http://www.saorinomori.com/
営 9:30～17:30
休 無休
取扱 店売、オンラインショップ、卸、教室、製造（材料・道具・作品・出版物）

かざぐるま

〒741-0062
山口県岩国市岩国2-3-14
TEL & FAX 0827-43-1724
E-mail kazaguruma-k@go6.enjoy.ne.jp
営 10:00～17:00
休 日曜、祝日
取扱 創作服・創作小物・アクセサリー・昔着物・はぎれなど

宇部文化服装学院 (P.132)

〒755-0006
山口県宇部市岬町3-15-9
TEL & FAX 0836-32-8895
URL http://www6.ocn.ne.jp/~ubfg/
E-mail ubfg@alto.ocn.ne.jp
営 9:30～15:00
休 土曜、日曜、祝日
取扱 洋裁指導、服飾手芸、編物、手織指導

手織適塾さをり北九州

〒802-0821
福岡県北九州市小倉南区横代北町2-25-13
TEL 093-962-3469
FAX 093-962-3455
営 10:00～16:30
休 月曜、日曜、祝日
取扱 手織教室、糸材料

株式会社いまり

〒860-0811
熊本市本荘6-12-18
TEL 096-363-3204
FAX 096-363-3206
URL http://www.imari.asia
営 9:00～18:00
休 日曜、祝日
取扱 婦人服の企画、デザイン、縫製、販売。裂織生地の企画販売、ジャワ更紗の企画、輸入、販売

手織り工房ぱたんこ屋
はた織り教室

〒878-0571
大分県竹田市次倉2578
TEL & FAX 0974-67-2900
URL http://miyado.net
営 9:00～16:00
（第1・2・3・4木曜と第3日曜のみ）
取扱 手織り用の糸・染色用の糸・ストール等

GRAPHIC　裂織 SAKIORI

2012 年 2 月 28 日発行

【制作協力】

全国裂織協会

本 部 事 務 局 : 〒 294-0031　千葉県館山市大賀 594　かにた婦人の村
　　　　　　　　TEL.0470-23-0008
郵便物送付先 : 〒 294-0045　千葉県館山市北条 1616-5　佐々木清方
　　　　　　　　TEL&FAX.0470-23-7699
http://www.justmystage.com/home/sakiori/

裂織の今研究会

〒 185-0031　東京都国分寺市富士本 1-32-24
TEL&FAX.042-576-6035
http://space.geocities.jp/sakiorijapan/

【スタッフ】

撮　　影　　野口さとこ

　　　　　　小林淳 (P.3/09、P.5/25 26 33、P.6/43、P.7/47、P.16-17、P.26、
　　　　　　　　　　P.41/23、P.42-43、P.50、P51、P.56/38 下段、P.61、P.65、P.88-89)

デザイン　　DesignBlue (今西 久)

編 集 人　　河原生典

発 行 人　　高野明子

発 行 所　　株式会社マリア書房
　　　　　　〒 602-8014　京都市上京区室町通下立売上ル
　　　　　　TEL.075-432-1201　FAX.075-441-2923
　　　　　　http://www.mariashobo.jp
　　　　　　E-mail: info@mariashobo.jp

印 刷 所　　日本写真印刷株式会社

定　　価　　本体 3,200 円＋税
　　　　　　ISBN978-4-89511-224-6